RAPPORT ET DÉCRET

DU 2 MARS 1910

PORTANT RÈGLEMENT SUR LA SOLDE

ET

LES ALLOCATIONS ACCESSOIRES

DU PERSONNEL COLONIAL

Édition mise à jour jusqu'au 1er Août 1929 par M. [illegible],
Rédacteur principal de l'Administration centrale

PARIS-Ve
LIBRAIRIE LAROSE
11, RUE VICTOR-COUSIN

1929

RÈGLEMENT

SUR LA SOLDE

DU PERSONNEL COLONIAL

RAPPORT ET DÉCRET

DU 2 MARS 1910

PORTANT RÈGLEMENT SUR LA SOLDE

ET

LES ALLOCATIONS ACCESSOIRES

DU PERSONNEL COLONIAL

Edition mise à jour jusqu'au 1er Août 1929 par M. Ed. LAPLAICHE,
Rédacteur principal de l'Administration Centrale

PARIS Ve
LIBRAIRIE LAROSE
11, RUE VICTOR-COUSIN

1929

Règlement sur la Solde du Personnel Colonial

Rapport au Président de la République Française, *portant règlement sur la solde et les allocations accessoires des fonctionnaires, employés et agents des Services coloniaux et locaux.*

(2 Mars 1910)

Monsieur le Président,

J'ai l'honneur de soumettre à votre haute approbation un projet de décret portant revision des règlements sur la solde et les allocations accessoires du personnel des services civils coloniaux ou locaux.

Conformément aux tendances manifestées à de nombreuses reprises par le Parlement en ces dernières années le texte qui vous est présenté a été préparé dans un large esprit de décentralisation administrative. Il étend les attributions des administrations locales des Colonies et des ports de la métropole en matière d'initiative et d'exécution tout en conservant au pouvoir central le droit de contrôle et d'interprétation. Cette méthode a l'avantage de permettre aux services coloniaux de tenir compte pour l'application des règlements des nécessités locales différentes suivant les possessions tout en maintenant dans l'ensemble de notre domaine extracontinental l'unité de principes si indispensable en cette délicate matière.

Le projet de décret ci-joint contient d'autre part quelques dispositions libérales nouvelles dont l'omission dans les précédents textes plaçait parfois les fonctionnaires et agents coloniaux dans une situation pécuniaire délicate ; un minimum de traitenmet a été fixé pour le personnel bénéficiant du congé administratif aussi bien que pour celui rentrant en congé de convalescence. Pour ce dernier, le minimum de traitement a été, en principe, relevé pendant les six premiers mois de l'absence. L'indemnité de départ colonial dont bénéficie déjà le personnel des services militaires a été étendue aux fonctionnaires, employés et agents civils. Enfin il a été constitué pour le personnel se trouvant momentanément hors d'état de reprendre son service une position de disponibilité sans traitement dont l'absence jusqu'à ce jour avait empêché l'Administration de solutionner équitablement certaines situations dignes d'intérêt.

Si vous voulez bien consacrer l'ensemble de ces dispositions, je vous serais reconnaissant de revêtir de votre haute sanction le projet de décret ci-annexé.

Je vous prie d'agréer, Monsieur le Président, l'hommage de mon profond respect.

Le Ministre des Colonies,

Signé : Georges TROUILLOT.

DÉCRET *portant règlement sur la solde et les allocations accessoires des fonctionnaires, employés et agents des Services coloniaux et locaux.*

(2 Mars 1910)

LE PRÉSIDENT DE LA RÉPUBLIQUE FRANÇAISE,

Vu la loi du 19 mai 1834, sur l'état des officiers, et notamment les articles 9, 10, 11, 12, 13, 16, 17, 18, 19 et 20 sur les soldes de non-activité et de réforme ;

Vu la loi du 30 mars 1875, relative à la constitution d'un cadre de réserve ;

Vu la loi du 17 août 1879, sur les pensions et soldes de réforme ;

Vu la loi du 14 janvier 1890, relative à la solde de réserve des officiers généraux, modifiée par l'article 67 de la loi de finances du 31 mars 1903 ;

Vu la loi du 20 mars 1894, portant constitution du Ministère des Colonies ;

Vu le décret du 3 juillet 1897, sur les indemnités de déplacement du personnel dépendant du Ministère des Colonies ;

Vu le décret du 23 décembre 1897, sur la solde et les accessoires de solde du personnel colonial et les actes qui l'ont modifié ;

Vu les décrets et décisions présidentielles des 30 décembre 1898, 1er novembre 1899 ; 16 mars 1899 ; 1er mars 1900 ; 4 janvier 1902 ; 24 janvier 1903, 26 janvier 1903, 21 octobre 1903, 23 février 1905, 20 février 1908, portant modifications au décret du 23 décembre 1897 ;

Vu les lois des finances des 25 février 1901 (art. 54), 31 mars 1903 (art. 80) et 22 avril 1905 (art. 58).

Vu le décret du 15 septembre 1904, portant règlement d'administration publique sur le corps de l'Inspection des Colonies ;

Sur le rapport du Ministre des Colonies ;

DÉCRÈTE :

DISPOSITIONS GÉNÉRALES

ARTICLE PREMIER

DÉFINITION DES ALLOCATIONS QUI RESSORTISSENT AU SERVICE DE LA SOLDE

I. Les allocations qui ressortissent au service de la solde du personnel des services coloniaux, sont les suivantes :

La solde proprement dite (v. art. 3 à 89) ;

Les accessoires de solde ou indemnités (v. art. 90 à 110).

II. Elles sont accordées conformément aux prescriptions du présent décret qui sont essentiellement limitatives (v. art. 136, 160).

TITRE PREMIER

SOLDE

CHAPITRE PREMIER

DÉFINITION ET DIVISION

ARTICLE 2

DÉSIGNATION DES DIFFÉRENTES ESPÈCES DE SOLDE

On distingue deux espèces de solde :

La solde d'activité (v. art. 3 à 83) ;

La solde de disponibilité (v. art. 84 à 86) ; (1)

(1) Les soldes du personnel de l'Inspection des Colonies ont été fixées par le décret du 18 décembre 1923.

CHAPITRE II

SOLDE D'ACTIVITÉ

SECTION PREMIÈRE. — PRINCIPES GÉNÉRAUX

ARTICLE 3

DÉSIGNATION DES DIVERSES SOLDES D'ACTIVITÉ

La solde d'activité comprend :

1° La solde de présence (v. art. 12 à 22) ;

2° La solde de permission (v. art. 23 à 28) ;

3° La solde de congé (v. art. 29 à 80) ;

4° La solde de détention (v. art. 81 à 82) ;

5° La solde de captivité (v. art. 83).

ARTICLE 4

DROITS A LA SOLDE D'ACTIVITÉ

Aucun fonctionnaire, employé ou agent, ne peut jouir d'une solde quelconque d'activité s'il n'est pas en activité de service (v. art. 136).

Article 5

ENTRÉE EN JOUISSANCE DE LA SOLDE D'ACTIVITÉ

I. Le droit à la solde d'activité commence :

1o Pour le Ministre, le jour de la publication au *Journal officiel* du décret de nomination ;

2o Pour le personnel régi par la loi du 19 mai 1834, le jour du décret portant nomination ou le jour auquel l'intéressé prend rang d'après ce décret, sous réserve de la restriction portée à l'article 6 ;

3o Pour les fonctionnaires, employés et agents, nommés par le Président de la République, le Ministre ou les autorités locales, le jour fixé pour leur arrivée au port d'embarquement, c'est-à-dire la veille de leur départ, soit de France, soit de la colonie ou du pays de protectorat où ils résident, pour rejoindre la possession dans laquelle ils sont appelés à servir.

Néanmoins, les fonctionnaires, employés et agents nommés en France et maintenus dans la métropole par ordre spécial du Ministre reçoivent, avant leur départ, l'intégralité des arrérages acquis depuis le jour de la décision prononçant ce maintien, lequel ne peut en aucun cas se prolonger au delà de six mois et n'est susceptible d'aucun renouvellement. A l'expiration de ces six mois, l'intéressé retombe dans la position d'un fonctionnaire nouvellement nommé et n'ayant pas encore rejoint un port d'embarquement ; il ne peut, par suite recouvrer de droit à la solde d'activité que la veille de son départ de France.

Le fonctionnaire, employé ou agent domicilié dans une colonie et nommé dans une autre où il ne peut se rendre qu'en passant par la France perd ses droits à toute allocation pendant la durée de son séjour dans la métropole s'il obtient un sursis de départ, une permission ou un congé d'une nature quelconque ayant pour résultat de retarder son arrivée à son poste.

La même disposition est applicable au fonctionnaire, employé ou agent qui pour se rendre à sa colonie de destination doit traverser une autre colonie ou un pays étranger, dans lequel il séjourne au delà de la période nécessaire pour effectuer son voyage.

4° Pour les fonctionnaires, employés ou agents empruntés à d'autres départements ministériels, ou provenant de l'administration centrale (1), le jour où ils cessent d'être payés sur les fonds de leur service d'origine (2) (3) ;

Les dispositions du 2ᵉ alinéa de la position 3° leur sont applicables s'ils ne s'embarquent pas dans un délai de six mois à dater de leur entrée en solde au compte du Département des Colonies.

5° Pour les fonctionnaires, employés et agents appelés à servir dans le pays où ils se trouvent, le jour où ils prennent leur service ;

6° Pour les fonctionnaires, employés et agents dont la nomination a lieu à la suite d'un concours ou d'un examen, le jour où ils prennent rang, conformément aux dispositions particulières qui régissent le corps ou le service auquel ils sont affectés.

II. Le fonctionnaire, employé ou agent promu à un nouveau grade ou à un nouvel emploi a droit, qu'il soit en France ou aux Colonies, à la solde de ce nouveau grade ou de ce nouvel emploi, à compter de la date du décret ou de la décision portant nomination ou du jour auquel l'intéressé prend rang, sauf la restriction portée à l'article 6.

III. La nomination ou la promotion à un emploi régulièrement faite par une autorité, sous réserve de la ratification d'une autorité supérieure, ouvre le droit à la solde d'activité dans les mêmes conditions qu'une nomination définitive.

(1) Décret du 20 juin 1911, fixant la situation des fonctionnaires de l'administration centrale du Ministère des Colonies, placés hors cadres pour service outre-mer.

(2) Pour les trésoriers-payeurs et les trésoriers particuliers, ce jour est celui de leur installation.

(3) Circulaire relative à l'application de l'article 5, position 4 (Indemnité spéciale de séjour en France au personnel métropolitain) : « Il y aura lieu de mandater aux « agents métropolitains détachés au service des colonies, pendant la période s'écoulant « entre la date de leur départ de leur administration d'origine et celle de leur embar- « quement à destination d'outre-mer, l'indemnité spéciale de résidence en France sur « les taux applicables au personnel local de la possession dont ils relèvent désormais. » (9 décembre 1924).

ARTICLE 6

LA SOLDE NE PEUT ÊTRE ALLOUÉE POUR UN TEMPS ANTÉRIEUR A LA NOMINATION A UN GRADE OU A UN EMPLOI. CAS DE RÉTROACTIVITÉ

La solde attribuée à un grade ou à un emploi ne peut être allouée pour une période antérieure à la date du décret ou de la décision portant nomination ou avancement.

Pour les avancements d'une classe à une autre à l'intérieur d'un même grade, la solde est allouée pour compter du jour fixé par le décret ou la décision portant avancement, sans que, toutefois, en cas de rétroactivité, celle-ci puisse remonter au delà de la date à laquelle est devenue effective la vacance dont profite le fonctionnaire promu et, en tout état de cause, au delà du 1er janvier de l'année au cours de laquelle est pris l'acte d'avancement, à la condition expresse, dans ce cas, que les crédits nécessaires aient été prévus au budget intéressé (1).

Il est fait exception à cette règle seulement pour les avancements en classe qui s'acquièrent automatiquement, c'est-à-dire dès que les conditions d'ancienneté de grade sont accomplies, sans être subordonnées à des considérations budgétaires (2).

ARTICLE 7

CESSATION DES DROITS A LA SOLDE D'ACTIVITÉ

Les droits à la solde d'activité cessent :

1° Pour le Ministre, le jour de la publication au *Journal officiel* du décret portant acceptation de sa démission ;

(1) Pour les avancements d'une classe à une autre à l'intérieur d'un même grade, la solde est allouée pour compter du jour fixé par le décret ou la décision portant avancement, sans que, toutefois, en cas de rétroactivité, celle-ci puisse remonter au delà de la date à laquelle est devenue effective la vacance dont profite le fonctionnaire promu et, en tout état de cause, au delà du 1er janvier de l'année au cours de laquelle est pris l'acte d'avancement et à la condition expresse, dans ce cas, que les crédits nécessaires aient été prévus au budget intéressé (Décret du 7 juin 1926).

Exceptionnellement et par dérogation aux dispositions du premier paragraphe de l'article 6 du décret du 2 mars 1910, portant règlement sur la solde et les allocations accessoires du personnel colonial, les nominations des fonctionnaires et agents intégrés dans les trésoreries coloniales à la suite de la mise en application du décret du 6 août 1921, rétroagiront dans chaque colonie non seulement au point de vue de l'ancienneté, mais également à celui de la solde, pour compter de la date d'intervention de l'arrêté d'organisation du cadre. (Décret du 7 juin 1926).

(2) Cette disposition n'est actuellement applicable qu'à certains membres du personnel de l'enseignement et à la solde progressive d'ancienneté des agents de la garde indigène de l'Indochine et de Madagascar.

2° Pour le personnel régi par la loi du 19 mai 1834 passant à la non-activité ou à la réforme, le lendemain du jour de la notification qui est faite à l'intéressé de la décision ou du décret prononçant sa mise en non-activité ou en réforme. Toutefois si cette notification est faite alors que celui-ci est en service aux Colonies, il peut demander à rentrer en France et continue alors à bénéficier de la solde d'activité jusqu'au jour de son débarquement dans la métropole, sous la réserve qu'il quittera la colonie par la première occasion qui suivra la notification ;

3° Pour les fonctionnaires, employés et agents, démissionnaires, alors qu'ils sont présents à leur poste le lendemain du jour où ils reçoivent avis de l'acceptation de leur démission, ou le jour fixé pour la radiation des contrôles par l'autorité qui accepte la démission ;

4° Pour les fonctionnaires, employés et agents, qui sont licenciés par mesure disciplinaire, le lendemain du jour où ils reçoivent avis de la décision prononçant leur licenciement. La notification de cette décision doit avoir lieu sans délai ;

5° Pour les fonctionnaires, employés et agents présents à leur poste, qui sont licenciés pour toute autre cause, le jour où ils quittent leurs fonctions.

Toutefois, s'ils ont droit au rapatriement, la solde d'activité continue à leur être allouée jusqu'au moment de leur départ, s'ils s'embarquent par la première occasion qui suit la date de la cessation effective de leurs fonctions ou, dans le cas contraire, pendant une période maximum de trente jours à compter de cette date (1).

La notification de licenciement doit avoir lieu sans délai. Les fonctions doivent, si la décision de licenciement ne spécifie pas une date ultérieure, cessser le lendemain du jour où l'intéressé reçoit cette notification.

Pour le personnel licencié au cours d'un congé, le droit à la solde cesse à l'expiration de la période de congé en cours, qui ne peut être prolongée ni renouvelée en aucun cas (2).

Une indemnité de licenciement, dont la quotité est fixée par l'article 18 ci-après, peut-être allouée aux fonctionnaires, employés et agents, licenciés dans les conditions déterminées par le présent paragraphe.

6° Pour les inspecteurs généraux passant dans le cadre de réserve par application de la limite d'âge, et pour les fonctionnaires, employés

(1) L'Administration est tenue de mettre des réquisitions de passage à la disposition des fonctionnaires autant que possible dans le délai de trente jours.

(2) Les agents ne doivent plus être renvoyés en France sans avoir été prévenus à l'avance de leur licenciement ou de la suppression de leur emploi, de façon à leur permettre de régler avant leur départ de la colonie les intérêts qu'ils pourraient avoir sur place (Circulaire du 7 décembre 1904).

et agents admis à la retraite le jour de la radiation des contrôles, déterminé conformément aux dispositions de l'article 8 ci-après (1).

7° Pour les fonctionnaires, employés et agents empruntés à d'autres départements ministériels, le jour où ils quittent le service colonial, s'ils sont en France, ou, dans le cas contraire, le jour de leur débarquement au retour d'une colonie, mais sous la réserve de l'application des dispositions prévues par le présent décret, sous le titre des congés (article 68).

8° Si le fonctionnaire, employé ou agent, mis en réforme ou en non-activité, démissionnaire ou licencié, est irrégulièrement absent de son poste ou si, par sa faute, le service dont il dépend n'a pas retrouvé sa trace, il cesse d'avoir droit à la solde d'activité le lendemain du jour où son absence a été officiellement constatée.

9° Pour les fonctionnaires ou agents dont la nomination faite à titre provisoire n'aura pas été approuvée par l'autorité supérieure et dont le droit à la solde d'activité a été ouvert dans les conditions de l'article 5 ci-dessus, le lendemain du jour où cette non-approbation leur est notifiée. Ils n'ont droit à aucune indemnité de licenciement ou autre, en dehors s'il y a lieu des frais de déplacement réglementaires.

ARTICLE 8

FONCTIONNAIRE ADMIS A FAIRE VALOIR SES DROITS A LA RETRAITE OU PASSANT DANS LE CADRE DE RÉSERVE

I. Les fonctionnaires, employés et agents présents en France ou qui ont déclaré vouloir jouir de leur solde de réserve ou pension dans le pays où ils sont en service, sont rayés des contrôles de l'activité :

1° Par application de la limite d'âge, le jour où ils sont atteints par cette mesure, à moins que les nécessités du service n'exigent leur maintien temporaire en activité.

Ce maintien en activité, qui ne pourra excéder trois mois, devra être autorisé par une décision spéciale du Ministre ;

2° D'office ou sur la demande des intéressés, le jour fixé par la décision qui les admet à faire valoir leurs droits à la retraite ;

Toutefois, si l'admission à la retraite d'office est prononcée par mesure disciplinaire, la radiation des contrôles a lieu le lendemain du jour où

(1) Voir décret du 14 décembre 1923.

les intéressés reçoivent notification de la mesure dont ils sont l'objet, cette notification étant faite sans délai (1) ;

3° Ceux qui sont admis à faire valoir leurs droits à la retraite, alors qu'ils sont titulaires d'un congé avec solde, sont considérés comme étant maintenus provisoirement en fonctions et ne sont rayés des contrôles de l'activité que le lendemain du jour où expire la période congé en cours, qui ne peut être prolongée ni renouvelée en aucun cas ;

II. Les dispositions générales du paragraphe I. du présent article sont applicables aux fonctionnaires et agents en service aux Colonies et qui demandent à jouir de leur solde de réserve ou de leur pension en France ou dans leur colonie d'origine.

Néanmoins, les intéressés ne peuvent être rayés des contrôles avant le jour exclus de leur débarquement dans le pays de destination s'il s'y rendent par la première occasion qui suit la notification de la mesure dont ils sont l'objet.

III. Par exception aux dispositions qui précèdent, les fonctionnaires, employés et agents civils, soumis au régime de la loi du 14 avril 1924 ou tributaires de la caisse inter-coloniale, et admis à faire valoir leurs droits à la retraite pour ancienneté, pendant qu'ils sont présents à leur poste, continuent à exercer leurs fonctions jusqu'à la délivrance de leur brevet de pension et ne sont rayés des contrôles qu'à partir de cette date, à moins de décision contraire rendue sur leur demande ou motivée soit par la suppression de leur emploi, soit par l'intérêt du service (1).

(1) Loi du 14 avril 1924 portant réforme du régime des pensions civiles et des pensions militaires :

« Art. 8. — Le droit à pension d'ancienneté est acquis à 60 ans d'âge et 30 ans « accomplis de services effectifs... Il suffit de 55 ans d'âge et de 25 ans de services pour « les fonctionnaires, employés qui ont passé 15 ans dans la partie active. Les limites « d'âge sont fixées, suivant les services et catégories d'emploi, par des réglements « d'administration publique...

« Art. 11. — Les fonctionnaires et employés civils sont admis à la retraite sur leur « demande, ou peuvent y être admis d'office. La demande de mise à la retraite doit « faire l'objet d'un préavis de six mois de la part de l'intéressé. »

(1) Décret fixant la situation des fonctionnaires admis à la retraite pendant la période comprise entre la date de cessation de leurs services et la délivrance de leur titre de pension. Institution d'un régime d'avance (20 septembre 1920).

Art. 1er. — Les dispositions exceptionnelles du paragraphe III de l'article 8 du décret du 2 mars 1910 sont étendues aux fonctionnaires, employés et agents relevant du Département des Colonies, soumis au régime des pensions des lois des 11 et 18 avril 1831, 5 août 1879 et 8 août 1883 ou tributaires des caisses locales de retraites des colonies. (Textes remplacés par la loi du 14 avril 1924 et le règlement sur la caisse intercoloniale).

Art. 2. — 1° Les fonctionnaires, employés et agents admis à la retraite, qui ne se trouvent pas dans le cas prévu à l'article 10, paragraphe 3 du décret du 2 mars 1910, modifié par l'article 1er du présent décret, pourront recevoir, entre la date de leur radia-

Il en est de même pour les fonctionnaires de l'Administration centrale admis à la retraite pour ancienneté, par application des décrets des 2 février et 4 mars 1808, s'ils ne sont pas atteints d'infirmités les empêchant de continuer leurs fonctions.

Après la délivrance de leur brevet de pension, ils peuvent encore, lorsque l'intérêt l'exige, être maintenus momentanément en activité, par une décision spéciale du Ministre.

tion des contrôles de l'activité et celle de la remise de leur titre de pension, des avances mensuelles, à valoir sur les premiers arrérages de leur pension et imputables sur le budget qui supportait leur traitement d'activité ;

2° Ces avances sont mandatées dans les mêmes conditions que la solde. Le montant en est fixé, au moment de l'admission à la retraite, soit par le ministre, soit par le chef de la colonie à laquelle était affecté l'intéressé, selon qu'il s'agit d'un fonctionnaire pensionné sur le Trésor Public, ou d'un agent tributaire d'u e caisse de retraite coloniale ;

3° La quotité des avances ne peut être supérieure au montant présumé de la pension éventuelle.

ART. 3. — 1° Lorsqu'un fonctionnaire, employé ou agent a bénéficié des dispositions de l'article 2 du présent décret, son certificat d'inscription de pension lui est remis par l'intermédiaire du chef de service qui l'a tenu au courant de ces avances sur pension ;

2° Celui-ci mentionne, sur le certificat de cessation de paiement qu'il délivre à l'intéressé, le montant total des sommes qu'il lui a payées à ce titre, ainsi que celles dont le titulaire pourrait être, d'autre part, débiteur envers les services publics, afin que la reprise en soit effectuée lors du paiement des premiers arrérages de la pension ;

3° Si le total des prélèvements à opérer, en conformité du paragraphe précédent, dépassait le montant des arrérages échus, la reprise de l'excédent serait prélevée sur les termes à échoir successivement dans les conditions ordinaires, c'est-à-dire jusqu'à concurrence du 1/5e du taux de la pension.

Avances sur pensions aux fonctionnaires mis à la retraite par application des dispositions de la loi du 14 avril 1924 (Loi du 29 avril 1926).

Art. 116. — A partir de la date de cessation de son service, le fonctionnaire mis à la retraite par application des dispositions de l'article 8 de la loi du 14 avril 1924 et non pourvu de son livret de pension recevra, par les soins du département ministériel dont il relève, à titre d'avances sur pension, une allocation provisoire trimestrielle calculée sur les 4/5e de la somme à laquelle une liquidation sommaire établie dès sa mise à la retraite permettra d'évaluer sa pension. Il sera tenu compte pour le calcul de ladite avance, du montant des majorations d'enfants ou des indemnités pour charges de famille visées par les 6e et 7e alinéas de l'article 2 de la loi du 14 avril 1924

Les fonctionnaires tenus de produire un certificat de débit ne bénéficient pas des dispositions de l'article précédent en ce qui concerne le maintien en activité jusqu'à la remise du titre de pension, mais ils peuvent, dès la production dudit certificat, obtenir des avances calculées selon les règles sus-énoncées.

Art. 117. — Les veuves de fonctionnaires, sous réserve qu'elles réunissent les conditions prévues au 2e alinéa de l'article 23 de la loi du 14 avril 1924, recevront des avances égales aux 4/5e de la pension à laquelle elles ont droit, en vertu des articles 23, 24 et 26 de la loi du 14 avril 1924. Il sera tenu compte, pour le calcul desdites avances du montant des pensions temporaires d'orphelins ou des majorations pour charges de famille visées par les 3e et 6e alinéas de l'article 23 de la loi du 14 avril 1924.

Les orphelins de père et mère ou enfants considérés comme tels, notamment par le 5e alinéa de l'article 23 et le 1er alinéa de l'article 26 de la loi du 14 avril 1924, recevront des avances égales aux 4/5e de la pension à laquelle ils ont droit en vertu des articles 23 à 27 de la loi du 14 avril 1924. Il sera tenu compte, pour le calcul desdites avances, du montant des pensions temporaires ou des majorations pour charges de famille visées par les 3e et 6e alinéas de l'article 23 de la loi du 14 avril 1924.

Art. 118. — Si la pension n'est pas liquidée définitivement dans les douze mois de la cessation des fonctions, le 1/5e réservé sera payé au début du 13e mois, et à partir de ce moment, la totalité de la pension sera remise tous les trois mois, sur les taxes de la liquidation provisoire.

Les services accomplis dans les conditions du présent paragraphe III n'entrent pas dans le décompte de la pension.

Les dispositions dudit paragraphe ne sont pas applicables aux fonctionnaires tenus de produire un certificat de non-débet.

IV. La jouissance de la pension de retraite ou de la solde de réserve court du jour de la radiation des contrôles de l'activité.

V. Les fonctionnaires, employés et agents, maintenus en activité, continuent à recevoir, par mois et à terme échu, la solde et les accessoires de solde de leur grade ou emploi, suivant la position qu'ils occupent (v. art. 138 à 143).

Article 9

FONCTIONNAIRE REMPLISSANT LES FONCTIONS D'UN GRADE OU D'UN EMPLOI SUPÉRIEUR A CELUI DONT IL EST TITULAIRE, OU DES FONCTIONS JUDICIAIRES

I. Le fonctionnaire, employé et agent, appelé à remplir temporairement des fonctions attribuées à un grade ou à un emploi supérieur au sien, n'a droit qu'à la solde du grade ou de l'emploi dont il est titulaire, sans préjudice des suppléments de fonctions ou frais de représentation dont l'allocation est réglée par les articles 90 et 108 ci-après.

Les fonctionnaires appelés par décret à assurer par intérim les fonctions de Résident supérieur, de Gouverneur ou de Lieutenant-gouverneur ou de Commissaire de la République, reçoivent sur les fonds du budget local du jour où ils prennent ces fonctions intérimaires au jour exclus où ils cessent de les remplir :

1° Le traitement afférent à leur grade ;

2° Une indemnité non soumise à retenues pour pensions civiles, égale à la différence réelle entre ce traitement et le traitement maximum prévu à l'échelle des soldes des administrateurs des services civils de l'Indochine, si les fonctions remplies sont celles de Résident supérieur ;

Le traitement maximum prévu à l'échelle des soldes des administrateurs des colonies s'il s'agit de l'une quelconque des autres fonctions visées ci-dessus.

En outre un supplément colonial comme il est prévu par le présent décret.

II. Par exception aux prescriptions du paragraphe Ier du présent article, les fonctionnaires délégués dans les fonctions de secrétaire général des colonies reçoivent, sur les fonds du budget local, le traitement maximum du grade d'administrateur en chef des colonies s'ils ont rempli en une ou plusieurs périodes, les dites fonctions pendant une durée totale de trois ans au minimum, et le traitement de l'échelon immédiatement inférieur dans le cas contraire.

Ces fonctionnaires reçoivent en outre un supplément colonial dont la quotité et les conditions d'attribution sont fixées par le présent règlement. Lorsque le traitement de grade et de classe des fonctionnaires chargés des fonctions de secrétaire général des colonies, calculé conformément aux dispositions qui régissent leur corps d'origine est supérieur au taux fixé par le présent décret, les intéressés conservent le bénéfice de cet émolument (1).

III. Les magistrats intérimaires pris en dehors de la magistrature et qui ne jouissent pas déjà d'une solde d'activité reçoivent, à titre d'appointements annuels, une somme égale à la moitié du traitement colonial attribué à l'emploi exercé par intérim.

Les fonctionnaires, employés et agents appelés à remplir intérimairement des fonctions judiciaires incombant normalement à des magistrats de carrière, peuvent recevoir, en raison du surcroit de travail qui leur est imposé, une allocation dont la quotité est fixée par l'arrêté local les appelant provisoirement aux dites fonctions.

Cette allocation est fixée au quart du traitement de présence, sans pouvoir dépasser 9.000 francs, sous réserve des dispositions du paragraphe ci-après :

A titre exceptionnel, l'allocation attribuée aux administrateurs employés dans les chefs-lieux qui, du fait de leur désignation provisoire à des fonctions judiciaires en l'absence de magistrats de carrière, perdent le bénéfice du complément de traitement prévu au décret du 30 mars 1915, est égale au montant de ce complément (2).

(1) Les frais de tournées ne sont pas considérés comme des suppléments de fonctions

(2) Les dispositions qui précèdent ne sont pas applicables aux fonctions judiciaires réglementairement exercées par des fonctionnaires de l'ordre administratif, lesquelles ne confèrent aucun droit à une rétribuitions supplémentaire (Art. 2 du décret du 10 mai 1919).

Article 10

SOLDE DUE AUX FONCTIONNAIRES DÉCÉDÉS

La solde due aux fonctionnaires employés et agents décédés, est acquise, jusqu'au jour inclus du décès, à leurs héritiers ou ayants droit, sous déduction des reprises dont cette solde peut être passible en vertu des règlements (v. art. 148, 150, § 4).

Article 11

CAS OU LE CUMUL DE LA SOLDE AVEC UN TRAITEMENT D'ACTIVITÉ EST AUTORISÉ

La solde d'activité, ne peut être cumulée avec un traitement quelconque à la charge de l'Etat, des budgets locaux, des départements ou des communes, sauf dans les cas prévus par les articles 65 à 67 et 270 à 275 du décret du 31 mai 1862, portant règlement général sur la comptabilité publique et dans les conditions fixées par les lois des 26 décembre 1890 (article 31) et 31 décembre 1897.

Section II. — Solde de présence

Article 12

DÉFINITION DE LA SOLDE DE PRÉSENCE

La solde de présence d'un fonctionnaire, employé ou agent est celle du grade dont il est titulaire, telle qu'elle est fixée par les actes organiques régissant le corps auquel il appartient.

En ce qui concerne les agents empruntés au service métropolitain et le personnel de l'administration centrale détaché aux colonies, la solde de présence des intéressés, pendant la période de leur mise hors cadres, peut être différente de leur traitement de grade dans leur corps d'origine, lorsque les règlements déterminant les conditions de leur mise à la disposition des autorités coloniales le prévoient.

Article 13

POSITIONS DONNANT DROIT A LA SOLDE DE PRÉSENCE EN EUROPE

La solde de présence en Europe est allouée aux fonctionnaires, employés et agents qui se trouvent dans les positions ci-après :

1° En service aux colonies ;

2° En service en France ou rappelés par ordre en France ;

3° De passage dans une colonie, en France ou en pays étranger, au cours d'un voyage effectué, soit pour se rendre à leur poste, soit pour retourner dans la métropole ou dans leur colonie d'origine ;

4° Embarqués, par ordre, pour se rendre de France ou d'une colonie dans la colonie où ils sont appelés à servir et réciproquement ;

5° En mission aux colonies, en France ou à l'étranger ;

6° Placés dans l'une des situations prévues aux articles 14, 15, 16, 17, et 24, § VI, ci-après.

Article 14

FONCTIONNAIRES, MEMBRES DES CONSEILS GÉNÉRAUX OU APPELÉS EN TÉMOIGNAGE

I. A droit à la solde de présence afférente à la position dans laquelle il se trouvait en dernier lieu, tout fonctionnaire qui s'absente de son poste, soit pour siéger comme conseiller général d'un département ou d'une colonie, ou comme membre d'un conseil de guerre, d'un tribunal maritime, d'un conseil d'enquête ou d'une commission d'enquête, soit pour déposer devant un conseil de guerre, un tribunal civil ou maritime, un conseil d'enquête ou une commission d'enquête.

II. La même disposition est applicable :

1° Au personnel qui, étant en congé, est appelé avec ou sans déplacement soit à siéger dans un conseil de guerre, un tribunal civil ou maritime, un conseil ou une commission d'enquête, soit à témoigner devant une de ces juridictions. Le droit à la solde de présence court, s'il y a déplacement, du jour où l'intéressé a dû quitter sa résidence de congé pour se rendre à la convocation reçue jusqu'au jour où il a été en mesure de rejoindre cette résidence, ou, dans le cas contraire, depuis le jour pour lequel il est convoqué jusqu'à celui dûment constaté où il cesse d'être retenu ;

2° Aux fonctionnaires, employés ou agents appelés à comparaître devant un conseil de guerre, un conseil ou une commission d'enquête.

III. La durée de la période de convocation est constatée, suivant le cas, par un certificat du préfet du département, du gouverneur ou du président de cour ou de tribunal, du conseil ou de la commission d'enquête et les intéressés sont rappelés de leur solde à leur retour, sur production de cette justification (v. art. 71, 153, 154 et 155).

Article 15

FONCTIONNAIRES AUTORISÉS A SUIVRE LES COURS DE CERTAINES ÉCOLES DE LA MÉTROPOLE

Les fonctionnaires, employés et agents qui, dans l'intérêt du service et de l'administration, et sur la demande de la colonie à laquelle ils sont affectés, sont autorisés par le Ministre à suivre les cours de certaines écoles de la métropole sont, considérés comme étant régulièrement en service en France.

L'autorisation est valable seulement pour une période et doit être renouvelée chaque année.

Article 16

FONCTIONNAIRE RAPPELÉ AVANT L'EXPIRATION DE SON CONGÉ

I. Le fonctionnaire, employé ou agent qui, étant en congé, reçoit l'ordre de rejoindre son poste, de se rendre à une nouvelle destination, ou de remplir une mission avant l'expiration de son congé, recouvre ses droits à la solde de présence du jour inclus où il quitte sa résidence de congé pour suivre sa destination, s'il arrive à l'époque fixée par l'ordre qu'il a reçu (v. art. 153 à 155).

II. Le fonctionnaire qui, étant en congé, est appelé à faire partie momentanément d'une commission, recouvre ses droits à la solde de présence pendant la durée de son service dans cette position (v. art. 14, § III, 136, 153, à 155).

ARTICLE 17

FONCTIONNAIRES RENTRANT DE CAPTIVITÉ

I. Le fonctionnaire, employé et agent qui revient de captivité reçoit la solde d'activité de son grade ou de son emploi, du jour où il se met à la disposition des autorités françaises (v. art. 83, 156).

II. Le fonctionnaire soumis au régime de la loi du 19 mai 1834 rentrant de captivité et qui était auparavant en non-activité reçoit la solde afférente à cette dernière position du jour inclus où il s'est mis à la disposition des autorités françaises (v. art. 83, 87, 156).

ARTICLE 18

FONCTIONNAIRES LICENCIÉS DE LEUR EMPLOI

Le fonctionnaire, employé ou agent qui n'est pas susceptible d'être mis en non-activité peut recevoir, s'il a été licencié pour toute autre cause que par mesure disciplinaire, une indemnité une fois payée, égale à la solde nette d'Europe pendant un mois au moins et six mois au plus.

Le montant de cette indemnité est fixée soit par l'autorité qui a prononcé le licenciement, soit par le Ministre (v. art. 7, 5°).

ARTICLE 19

DISPARITION D'UN BATIMENT EN MER. — ÉPOQUE DE LA CESSATION DE LA SOLDE

I. En cas de disparition d'un bâtiment à la mer, le droit à l'allocation de la solde pour les fonctionnaires, employés et agents présents à bord à la date des dernières nouvelles est arrêté le soixante et unième jour à compter de cette date.

II. La présomption de la perte est établie par désicion du Ministre de la Marine, conformément aux règles spéciales suivies par son département.

ARTICLES 20 ET 21

Abrogés

Régime spécial aux fonctionnaires de l'Inspection des Colonies

ARTICLE 22

DISPOSITIONS SPÉCIALES AU PERSONNEL DE L'INSPECTION DES COLONIES

Le personnel de l'inspection des colonies est régi, au point de vue de la solde et des accessoires de solde par un décret spécial (1).

SECTION III. — SOLDE DE PERMISSION

ARTICLE 23

DÉFINITION DE LA PERMISSION

Toute absence autorisée prend le nom de permission, lorsqu'elle s'applique à une période égale ou inférieure à trente jours, sauf l'exception prévue aux §§ VI et VII de l'article 24 ci-après.

ARTICLE 24

PERMISSIONS. PAR QUI ACCORDÉES. DROITS RÉSULTANT DES PERMISSIONS

I. Les permissions sont accordées :

Dans la limite de 30 jours :

Par le Ministre aux hauts fonctionnaires relevant de son autorité ;

Par les Directeurs de l'Administration centrale au personnel placé sous leurs ordres ;

Par les Gouverneurs aux chefs d'administration ou de service.

Dans la limite de quinze jours :

Par les chefs d'administration ou de service, d'après les instructions

(1) Décret du 14 décembre 1923.

du Ministre ou des Gouverneurs, aux fonctionnaires, employés et agents placés sous leur autorité.

Les chefs d'administration ou de service devront transmettre aux autorités supérieures les demandes de permissions dépassant 15 jours.

II. Les permissions ne peuvent être accordées à solde entière de présence pour plus de 30 jours (v. art. 13, 20).

Lorsque l'absence doit être d'une plus longue durée, la prolongation ne peut être autorisée que par un congé dont la solde est déterminée, suivant sa nature, par les articles suivants (v. art. 29 à 80).

III. Si la durée totale de son absence par permission, en une ou plusieurs fois, ne s'est pas prolongée au delà de 30 jours (du 1er janvier au 31 décembre de la même année), le fonctionnaire, employé ou agent en permission a droit à la totalité du traitement qu'il recevait au moment où il a commencé à jouir de sa permission, à l'exclusion des suppléments de fonctions ou des indemnités de représentation, dont les règles d'allocation, en cas d'absence du titulaire, sont fixées respectivement par les articles 90 et 108 du présent décret (v. art. 155).

IV. Si l'ensemble des permissions accordées dans le courant d'une année (1er janvier au 31 décembre) dépasse la limite ci-dessus, l'intégralité du traitement n'est maintenue que jusqu'à concurrence de 30 jours et le surplus de l'absence ne donne droit qu'à la solde de congé pour affaires personnelles (v. art. 32 à 34).

Toutefois, si une partie de la permission qui excède les 30 jours appartient à l'année suivante, elle donne droit à la solde entière, mais la durée de cette portion entre dans le calcul du temps de permission auquel l'intéressé pourra prétendre dans le courant de cette nouvelle année.

V. Les permissions d'absence doivent faire l'objet d'une mention spéciale sur le livret de solde (v. art. 154).

VI. Par exception aux dispositions du § II du présent article, des permissions, dont la durée maximum est portée à 45 jours, y compris les traversées d'aller et retour, peuvent être accordées aux fonctionnaires, employés ou agents, pour se rendre d'une colonie en France, de France dans une colonie, ou d'une colonie dans une autre colonie.

Ces permissions donnent droit à la solde d'Europe dégagée de tous accessoires (v. art. 13).

VII. Ces permissions spéciales sont accordées par l'autorité locale, mais une seule fois dans le cours d'une année. Elles sont exclusives de toute autre permission à solde entière, pendant la même année.

Article 25

DURÉE DES PERMISSIONS

I. La permission court du lendemain du jour où l'intéressé quitte son service jusqu'au jour où il le reprend ; elle n'est pas interrompue par le séjour à l'hôpital (v. art. 118).

Tout fonctionnaire, employé ou agent qui se fait traiter à domicile est considéré comme étant en permission, si la durée de son absence, ajoutée aux autres permissions obtenues dans le courant de l'année, n'excède pas 30 jours, et en congé si cette durée est dépassée (1).

Dans ce cas, le point de départ du congé est fixé au jour où a commencé le traitement à domicile.

Pendant la durée de ce congé, le bénéfice de la solde entière d'Europe ne peut être conservé que jusqu'à concurrence de trois mois, après avis conforme du Conseil de santé et par décision de l'autorité compétente.

II. L'entrée en jouissance d'une permission doit être immédiate, sauf décison contraire de l'autorité qui la concède.

Article 26

INSCRIPTIONS DES PERMISSIONS SUR LES CONTROLES DE SOLDE ET SUR LES LIVRETS DE SOLDE

I. Tout fonctionnaire, employé ou agent qui obtient une permission est tenu de présenter lui-même dans les vingt-quatre heures, le titre dont il est porteur au visa de l'autorité administrative (v. art. 155).

II. Toute permission doit être immédiatement inscrite sur les contrôles de solde et sur le livret de solde de l'intéressé (v. art. 153, 154).

III. Le visa doit être refusé pour toute permission qui serait accordée contrairement aux règles tracées par le présent décret.

Article 27

FONCTIONNAIRES, EMPLOYÉS ET AGENTS DÉPASSANT LA LIMITE DE LEUR PERMISSION

I. Le Fonctionnaire, employé ou agent qui, étant en permission, rentre après le terme fixé pour l'expiration de sa permission, ne reçoit aucune solde pour la durée de son

(1) Voir décret du 20 février 1913, relatif à la concession de congés de maternité spéciaux au personnel féminin en service aux colonies.

absence illégale, à moins que le retard n'ait été causé par une circonstance de force majeure dûment constatée, ou par maladie, survenues avant l'expiration de ladite permission. Dans ces deux cas, l'intéressé doit prévenir immédiatement son chef direct en produisant les justifications administratives ou médicales nécessaires, et solliciter, s'il y a lieu, une prolongation (v. art. 78, 111 et 112).

II. Il est alors considéré comme se trouvant dans la situation fixée par le deuxième alinéa du paragraphe 1 de l'article 25 précédent, pour tout le temps écoulé depuis l'expiration de sa permission jusqu'au jour exclu de sa rentrée à son poste.

III. Si, par suite de cette circonstance, la permission doit être transformée en congé, le temps de permission est compris dans la durée dudit congé.

Il n'est fait exception à cette règle que si l'intéressé a formulé sa demande de prolongation assez à temps pour que la concession de congé ait pu lui être notifiée avant l'expiration de sa permission.

IV. Le traitement de congé à attribuer au fonctionnaire, employé ou agent se trouvant dans les conditions prévues par le présent article, est fixé à la moitié de la solde d'Europe (v. art. 32 à 34).

ARTICLE 28

VISA DES PERMISSIONS AU RETOUR

Tout fonctionnaire, employé ou agent, rentrant de permission, est tenu de se présenter à l'autorité administrative dont il relève, pour faire constater par un visa, sur son congé ou sa permission, la date du retour à son poste (v. art. 154, 155).

SECTION IV. — SOLDE DE CONGÉ

§ 1er. *Dispositions générales*

ARTICLE 29

DÉFINITION DU CONGÉ

Sauf l'exception prévue au paragraphe VI de l'article 24 ci-dessus, toute absence autorisée prend le nom de congé lorsqu'elle s'applique à une période de plus de trente jours.

ARTICLE 30

DIFFÉRENTES ESPÈCES DE CONGÉ

On distingue sept espèces de congés :

1° Les congés pour affaires personnelles (v. art. 32 à 34);

2° Les congés administratifs (v. art. 35 à 39);

3° Les congés accordés aux fonctionnaires, employés et agents qui doivent venir subir en France les examens ou les concours nécessités par leur carrière (v. art. 40 à 42);

4° Les congés de convalescence (v. art. 43 à 61);

5° Les congés pour faire usage des eaux thermales ou minérales (v. art. 62 à 65);

6° Les congés hors cadres (v. art. 66 à 67);

7° Les congés d'expectative de réintégration (v. art. 68).

ARTICLE 31

DISPOSITIONS SPÉCIALES A CERTAINS FONCTIONNAIRES

I. Les gouverneurs généraux et les gouverneurs, ainsi que les évêques, jouissent de l'intégralité de leur solde d'Europe pendant toute la durée de leurs congés, sauf en ce qui concerne les congés pour affaires personnelles.

II. Les congés des Gouverneurs généraux, des Gouverneurs et des secrétaires généraux sont accordés par le Ministre (v. art. 80).

Il en est de même pour les fonctionnaires de l'inspection des colonies (1) et pour les chefs du Service colonial dans les ports de commerce.

§ 2. *Congés pour affaires personnelles*

ARTICLE 32

CONGÉS POUR AFFAIRES PERSONNELLES. LEUR DURÉE. QUOTITÉ DE LA SOLDE A LAQUELLE ILS DONNENT DROIT

I. Les congés pour affaires personnelles sont des autorisations d'absence accordées aux fonctionnaires, employés et agents en vue de leur permettre de sauvegarder temporairement leurs intérêts personnels ou de famille. L'absence une fois autorisée, s'il est constaté qu'elle n'a pas le caractère défini ci-dessus ou qu'elle a perdu ce caractère, l'intéressé est placé d'office dans la position de disponibilité, sans préjudice du droit que conserve l'Administration de l'inviter à rejoindre immédiatement son poste (v. art. 84).

II. Le fonctionnaire ne peut, en aucun cas, être maintenu dans la position de congé pour affaires personnelles pendant une période de plus de douze mois. La durée de cette période est réduite à six mois au maximum, si le congé pour affaires personnelles fait suite à des congés d'autre nature d'une durée totale égale ou supérieure à douze mois.

III. Les congés pour affaires personnelles donnent droit à la demi-solde d'Europe pendant les six premiers mois. Au delà de cette durée, ils ne donnent lieu à aucune solde ; toutefois, le congé pour affaires personnelles faisant suite à un autre congé ne donne droit à la demi-solde d'Europe que dans la limite de six mois à dater de l'origine des congés qui l'ont précédé (v. art. 136).

ARTICLE 33

PAR QUI ACCORDÉS

Sauf l'exception prévue par l'article 31 les congés pour affaires personnelles, ainsi que leurs prolon-

(1) Voir décret du 14 décembre 1923.

gations, sont concédés par le Gouverneur ou, si l'intéressé est en France, par le chef du Service colonial du port administrateur (v. art. 71, 74, 76 et 80).

ARTICLE 34

En aucun cas, les congés pour affaires personnelles ne peuvent être transformés pendant leur durée en congés de convalescence (v. art. 56).

§ 3. *Congés administratifs*

ARTICLE 35

CONGÉS ADMINISTRATIFS.
LEUR DURÉE.
SOLDE A LAQUELLE
ILS DONNENT DROIT.
CONDITIONS DANS LESQUELLES
ILS SONT ACCORDÉS.

I. Les congés administratifs sont des autorisations d'absence accordées aux fonctionnaires, employés et agents après une période déterminée de séjour ininterrompu, en service dans une colonie, ou de séjour consécutif, en service, dans plusieurs colonies, interrompu seulement par le voyage de l'une dans l'autre sans congé ni sursis. Ces concessions ont pour objet de permettre au fonctionnaire que les exigences du service éloignent de son pays d'origine d'y revenir périodiquement (v. art. 61).

II. Les fonctionnaires, employés et agents en service hors de leur pays d'origine ont seuls droit, en principe (1), à des congés administratifs.

Toutefois, le personnel en service dans son pays d'origine pourra, par dérogation à ce principe, obtenir des congés administrarifs dans les conditions prévues au paragraphe VI du présent article (2).

III. *A.* — Les congés administratifs donnent droit à la solde entière de présence.

B. — Toutefois, en ce qui concerne le personnel entretenu sur le budget de l'Etat, la quotité de cette solde, pendant la durée du séjour dudit

(1) L'exercice de ce droit est subordonné aux nécessités du service.
(2) Voir art. 161.

personnel dans la métropole ne peut être inférieure au minimum de 3.800 francs indépendamment des indemnités de résidence en France auxquelles ils pourraient prétendre en vertu de règlements spéciaux édictés dans les conditions prévues par l'article 9 de la loi du 18 octobre 1919.

C. — Quant aux agents rétribués sur les budgets généraux de nos possessions outre-mer qui ont une solde de présence inférieure à 3.800 francs nets, des arrêtés des chefs des colonies peuvent, par mesure générale, leur accorder, à titre d'indemnité, pendant la durée de leur séjour dans la métropole, une allocation complétant cette solde à 3.800 francs nets par an.

IV. La durée des congés administratifs est de six mois pour le personnel servant hors de son pays d'origine et ayant accompli un séjour ininterrompu de :

Deux ans pour l'Afrique Equatoriale, l'Afrique Occidentale, la Côte française des Somalis et la Guyane ;

Trois ans pour l'Indochine française, Madagascar et dépendances (1) et pour les établissements français dans l'Inde et les Nouvelles Hébrides ;

Cinq ans pour les autres colonies.

V. La durée des congés administratifs peut être augmentée d'un mois pour chaque période intégrale de séjour de cent jours, quatre, six ou dix mois (suivant la colonie), accomplie en sus des délais indiqués au paragraphe précédent.

En aucun cas, les congés administratifs ne peuvent dépasser la limite maximum d'une année.

VI. Le personnel en service dans son pays d'origine peut, lorsqu'il a accompli une période minimum de présence effective à son poste de cinq années, sans permission ni congé d'aucune nature, obtenir un congé administratif de six mois, si le gouverneur a, par une disposition spéciale, admis l'ensemble de ce personnel au bénéfice des congés administratifs (v. art. 23, 24, 26 et 61).

VII. Les congés administratifs sont accordés avec jouissance soit en France, soit dans la possession française dont l'intéressé est originaire.

Toutefois, en aucun cas le congé n'est accordé pour en jouir dans la colonie où l'intéressé est en service.

Lorsque ayant opté pour la jouissance en France, le fonctionnaire devra, pour rejoindre la métropole, passer par une autre colonie, il pourra

(1) Mayotte et l'archipel des Comores sont considérés comme dépendant de Madagascar.

être autorisé à séjourner dans cette colonie pendant la moitié au plus de son congé. De même le fonctionnaire titulaire d'un congé pour sa colonie d'origine, passant par la France pour s'y rendre, pourra être autorisé à séjourner dans la métropole pendant la moitié au plus de son congé.

Article 36

CAS OU LE SÉJOUR A ÉTÉ ACCOMPLI DANS PLUSIEURS COLONIES DIFFÉRENTES

Lorsque le séjour consécutif donnant droit à un congé administratif a été accompli dans plusieurs colonies, le temps passé dans chacune d'elles entre en compte proportionnellement aux durées fixées par l'article 35. Toutefois, ce congé ne peut être accordé qu'aprés un séjour d'au moins six mois dans la dernière.

Article 37

LES CONGÉS ADMINISTRATIFS NE PEUVENT ETRE PROLONGÉS

Les congés administratifs ne sont susceptibles d'aucune prolongation.

Article 38

TRANSFORMATION DES CONGÉS DE CONVALESCENCE EN CONGÉS ADMINISTRATIFS

Lorsqu'un fonctionnaire, employé ou agent, rentré en France en vertu d'un congé de convalescence, remplit les conditions de séjour fixées par l'article 35, il peut obtenir la transformation de son congé de convalescence en congé administratif ; mais, dans ce cas, la durée des deux congés se confond et le bénéfice de la solde entière ne peut être maintenu que dans la limite fixée au dit article.

Article 39

AUTORITÉ QUI CONCEDE LES CONGÉS ADMINISTRATIFS

Sauf l'exception prévue à l'article 31 les congés administratifs sont accordés par les gouverneurs, qui doivent en rendre compte immédiatement au Ministre en ce qui concerne le personnel rétribué sur le budget de l'Etat ou ayant droit à pension de l'Etat (v. art. 71, 74, 76 et 80).

Les transformations de congés de convalescence en congés administratifs sont accordées soit par le Gouverneur, soit, si l'intéressé est en France, par le chef du Service colonial du port qui l'administre (v. art. 71, 74, 76 et 80).

§ 4. *Congés pour examens*

Article 40

CONGÉS POUR EXAMENS. LEUR DURÉE. SOLDE A LAQUELLE ILS DONNENT DROIT

Les fonctionnaires, employés et agents en service aux colonies peuvent être autorisés à venir en France pour y subir les examens ou les concours nécessités par leur carrière coloniale. Dans le cas, ils sont susceptibles d'obtenir des congés leur donnant droit, pendant la limite maximum de six mois, à la solde de présence en Europe. Au delà de cette période ils doivent rejoindre leur poste par la première occasion, sinon, ils sont placés d'office en disponibilité sans traitement (v. art. 84 et 136).

Article 41

PAR QUI ACCORDÉS. CONDITIONS DANS LESQUELLES LA SOLDE ACCORDÉE RESTE ACQUISE

I. Les congés de cette nature sont accordés par le gouverneur, ils sont subordonnés aux nécessités du service (v. art. 71, 74, 76, et 80).

II. Les allocations réglementaires perçues au cours du congé ne seront définitivement acquises qu'autant que le bénéficiaire justifiera, soit qu'il a subi l'une au moins des épreuves de l'examen ou du concours visé dans la demande de congé, soit que des circonstances indépendantes de sa volonté l'ont empêché de subir aucune de ces épreuves. Dans le cas où il ne fournirait pas l'une de ces justifications, il devra reverser les sommes perçues au titre de la solde pendant son congé et les autres frais occasionnés par ce congé (transport, passage, etc.) seront mis à sa charge.

ARTICLE 42

Les fonctionnaires et agents présents en France en congé peuvent également, à l'expiration du congé dont ils sont titulaires, obtenir des congés pour examen dans les conditions prévues aux paragraphes I et II de l'article précédent. La concession de ces congés est toutefois soumise aux restrictions ci-après :

Le fonctionnaire intéressé doit justifier soit que l'examen ou le concours visé par lui n'a pas eu lieu depuis son débarquement en France, soit qu'il a subi effectivement l'une au moins des épreuves de cet examen ou concours.

Les candidats à un concours d'admission dans le corps de l'inspection des colonies ont, en outre, à produire un certificat de la Direction du contrôle, attestant qu'ils sont admis à prendre part au concours annoncé.

Dans aucun cas, la solde accordée pendant le congé pour examen faisant suite à un congé d'autre nature n'est supérieure à la solde dont jouissait le fonctionnaire à l'expiration de ce dernier congé.

Les congés pour examen prévus au présent article sont accordés par le Ministre sur la proposition du chef de Service colonial du port qui administre l'intéressé (v. art. 71, 74, 76 et 80).

§ 5. *Congés de convalescence*

ARTICLE 43

DÉFINITION
MODE
DE CONCESSION INITIALE

I. Des congés de convalescence peuvent être concédés aux fonctionnaires, employés et agents reconnus par les Conseils de santé des colonies hors d'état, pour cause de maladie, d'assurer convenablement leur service outre-mer.

II. Ces autorisations d'absence sont accordées par les Gouverneurs généraux et Gouverneurs, sur avis conforme du Conseil de santé de leur possession, pour une période maximum de six mois, renouvelable dans les conditions indiquées aux articles 49, 50, 52, 54 et 57 du présent décret.

III. Lorsque la jouissance du congé est assignée hors de la colonie, la délibération du Conseil de santé détermine, dans la limite maxima d'une année pour les fonctionnaires des services coloniaux ou locaux et de neuf mois pour les fonctionnaires détachés des services métropolitains, la durée éventuelle que peut atteindre l'absence pour amener le rétablissement de la santé de l'intéressé.

Ce document est annexé à l'avis de concession de congé transmis aux autorités chargées de l'administration du fonctionnaire pendant son absence.

Article 44

QUOTITÉ DE LA SOLDE ATTRIBUÉE PENDANT LA PREMIÈRE ANNÉE

Les fonctionnaires, employés et agents, renvoyés en congé de convalescence en France, ou dans les pays d'origine, à la suite d'une maladie endémique ou épidémique, d'une blessure reçue en service commandé ou d'une affection provenant des dangers ou des fatigues du service et nécessitant un traitement long et dispendieux (1), peuvent prétendre à la solde de présence calculée dans les conditions de l'article 35, § III, alinéas B et C du présent décret pendant une période de douze mois (v. art. 53).

II. Les fonctionnaires, employés et agents, rentrant en congé de convalescence pour toute autre cause, ne peuvent prétendre à la solde de présence calculée dans les conditions de l'article 35, § III, alinéas B et C du présent décret que pendant un délai de six mois (v. art. 47 et 55).

Article 45

CONGÉS DE CONVALESCENCE ACCORDÉS AU PERSONNEL COLONIAL SERVANT EN FRANCE

Des congés de convalescence à solde de présence calculée dans les conditions de l'article 35, § III, alinéas B et C du présent décret, dans les limites fixées, suivant le cas, par les articles 43 et 44, peuvent être concédés aux fonctionnaires, employés et agents des divers corps des colonies, détachés temporairement en France (v. art. 57 et 59).

(1) Cette dernière catégorie d'affections comprend à la fois la tuberculose des voies respiratoires et celle des autres organes en même temps que toutes les maladies imputables au séjour colonial et susceptibles d'entraîner une détérioration profonde de la constitution et d'ouvrir des droits à pension aux agents soumis à un régime de retraites.

Article 46

CONGÉS DU PERSONNEL DE L'ADMINISTRATION CENTRALE

En cas de maladie dûment constatée par le Conseil supérieur de santé, le personnel de l'Administration centrale et le personnel des services annexes en France peuvent obtenir des congés de convalescence qui donnent droit au traitement entier pendant une durée n'excèdant pas trois mois.

Toute prolongation de congé n'est concédée qu'à demi-solde, à moins de décision contraire du Minsitre, sur avis motivé du Conseil supérieur de santé (v. art. 51, 52, 59 et 84).

Article 47

Sauf l'exception prévue au dernier paragraphe de l'article 50 et à l'article 52, toute prolongation de congé de convalescence ayant pour effet d'étendre la durée de l'absence au delà des délais spécifiés dans les articles 44, 45 et 46 ne donne droit qu'à la demi-solde de présence calculée dans les conditions de l'article 35, § III, alinéas B et C du présent décret.

Article 48

DISPOSITIONS SPÉCIALES AUX FONCTIONNAIRES DÉTACHÉS DES SERVICES MÉTROPOLITAINS

Les fonctionnaires détachés des services métropolitains ne peuvent obtenir de congé de convalescence que jusqu'à concurrence de douze mois à partir de leur rentrée en France.

Si à l'expiration des neuf premiers mois, ils sollicitent une nouvelle prolongation et si le Conseil supérieur de santé estime que l'affection dont ils sont atteints ne leur permettra pas de rejoindre une destination coloniale à la fin de ladite prolongation ils sont immédiatement remis à la disposition de leur département d'origine dans les conditions de l'article 68 du présent décret et peuvent, en conséquence, prétendre aux congés prévus par ledit article.

ARTICLE 49

CAS OU LE CONGÉ DE CONVALESCENCE SE PROLONGE AU DELA D'UN AN

I. Après une année d'absence en congé de convalescence, le dossier du fonctionnaire, employé ou agent qui sollicite une prolongation de congé est soumis avec l'avis des autorités médicales du Service colonial administrateur à l'examen du Conseil supérieur de santé des colonies, qui déclare par un rapport spécial et motivé s'il est ou non en état de reprendre son service. Il en est de même, dans la métropole, pour tout congé de convalescence succédant à un congé administratif (Décret du 28 octobre 1927.

Pour établir son rapport, le Conseil supérieur de santé peut réclamer soit la comparution de l'intéressé devant lui, soit sa mise en observation dans un hôpital, soit telles autres formalités qu'il juge convenables.

ARTICLE 50

APRES UN AN DE CONGÉ LA SOLDE ENTIERE N'EST ALLOUÉE QUE SUR UN RAPPORT DU CONSEIL SUPÉRIEUR DE SANTÉ

Si le Conseil supérieur de santé la juge nécessaire, une nouvelle prolongation de congé, dont la durée ne doit pas excéder six mois, peut être accordée aux fonctionnaires visés au premier paragraphe de l'article précédent dans les conditions de l'article 54 (v. art. 80).

Pendant cette nouvelle période et si l'affection est de nature endémique ou si elle provient des dangers ou des fatigues du service et rentre dans la nomenclature de celles visées à l'article 55, § II, du présent décret, la solde de présence calculée dans les conditions de l'article 35, § III, alinéas B et C du présent décret est allouée, lorsque dans son rapport, le Conseil supérieur de santé spécifie que le malade a besoin de suivre un traitement dispendieux (v. art. 55).

ARTICLE 51

CAS OU LE FONCTIONNAIRE EST INCURABLE OU NON SUSCEPTIBLE DE GUÉRISON DANS UN DÉLAI DE SIX MOIS

A l'expiration du dix-huitième mois de congé le Conseil supérieur de santé est appelé à statuer, de nouveau dans les formes indiquées à l'article 49, sur certificats de visite et de contre-visite. Il déclare si la maladie est incurable ou si un nouveau délai de six mois au minimum est jugé suffisant pour obtenir la guérison.

Si la maladie est déclarée incurable ou non susceptible de guérison dans le délai de six mois, l'intéressé est admis à la retraite s'il y a droit ou placé d'office dans la position de disponibilité sans traitement (v. art. 84).

Article 52

FONCTIONNAIRE ATTEINT D'UNE MALADIE CURABLE

Si le Conseil supérieur de santé déclare que la maladie est curable, dans les délais indiqués au paragraphe 1er de l'article précédent, une dernière prolongation de congé à demi-solde peut être accordée dans les conditions de l'article 54 pour une durée maximum de six mois. Toutefois, lorsqu'il s'agit de maladies endémiques ou d'affections imputables aux fatigues et dangers du service, ayant entraîné une détérioration profonde de la constitution et classées dans la nomenclature indiquée à l'article 55, § II, du présent décret, la solde de présence, calculée dans les conditions de l'article 35, § III, alinéas B et C du présent décret. peut être allouée pendant cette dernière période, après avis conforme du Conseil supérieur de santé (v. art. 80).

Lorsque, à l'expiration de ce dernier terme, l'intéressé ne peut reprendre son service il est immédiatement admis à la retraite s'il y a droit ou placé d'office dans la position de disponibilité sans traitement (v. art. 55 et 84).

Article 53

LES FRAIS DE DÉPLACEMENT NE SONT PAS DUS AU FONCTIONNAIRE EN ÉTAT DE REPRENDRE SON SERVICE

I. Si le Conseil supérieur de santé estime que le fonctionnaire, employé ou agent qui a sollicité une prolongation de congé de convalescence est en état de reprendre son service, celui-ci n'a droit à aucune indemnité (frais de route ou de séjour) pour son déplacement.

II. Si ce fonctionnaire ou agent ne rejoint pas son poste dans les délais qui lui sont impartis, il est considéré comme étant dans la position d'absence irrégulière prévue aux articles 111 et 112 du présent décret. Il n'a plus droit à aucune solde à partir de l'expiration de son congé et demeure passible des sanctions disciplinaires que peut compter son refus d'obéissance.

Article 54

RÈGLES RELATIVES A LA CONCESSION DES CONGÉS DE CONVALESCENCE

En dehors des concessions accordées en vertu de l'article 43, paragraphe II, par les gouverneurs aux fonctionnaires en service dans leur possession, les congés de convalescence ne sont attribués que par périodes de trois mois, au maximum, après constatation de l'état de santé des intéressés dans les conditions prévues par les articles 49, 51 et 59, quel que soit leur temps de séjour dans la colonie dont ils reviennent.

Article 55

ALLOCATION D'UNE INDEMNITÉ COMPLÉMENTAIRE LORSQUE LE TRAITEMENT DE CONGÉ DE CONVALESCENCE EST INFÉRIEUR A 3.800 FRANCS PAR AN

I. En ce qui concerne le personnel entretenu sur le budget de l'Etat, la quotité de la solde de congé de convalescence (solde entière pendant la durée du séjour dudit personnel dans la métropole ne peut être inférieur au minimum de 3.800 francs, indépendamment des indemnités de résidence auxquelles il pourrait prétendre en vertu de règlements spéciaux édictés dans les conditions de l'article 9 de la loi du 18 octobre 1919.

Quant aux agents rétribués sur les budgets généraux, locaux ou spéciaux de nos possessions outre-mer qui ont une solde de présence inférieure à 3.800 francs nets, des arrêtés des chefs de colonies peuvent, par mesure générale, à titre d'indemnité pendant la durée de leur séjour dans la métropole en congé de convalescence, accorder une allocation complètant cette solde à 3.800 francs nets par an, lorsqu'il s'agit de congés de convalescence à solde entière et à 1.900 francs nets par an lorsqu'il s'agit de congés à demi-solde.

II. Toutefois, pour certaines affections particulièrement graves, nécessitant des soins longs et dispendieux (trypanosomiase humaine, tuberculose, lèpre, abcès au foie et blessures graves reçues en service commandé, blessures reçues et maladies contractées pendant la guerre et devant l'ennemi par le personnel mobilisé), la solde entière de présence, calculée s'il y a lieu sur la base indiquée au paragraphe précédent, pourra être maintenue pendant toute la durée du congé de convalescence sur avis conforme du Conseil supérieur de santé.

Article 56

CONGÉ DE CONVALESCENCE FAISANT SUITE A UN AUTRE CONGÉ

Dans le cas où un congé de convalescence est obtenu au cours ou à la suite d'un congé d'une autre nature ou d'une mission en France, la période écoulée depuis le débarquement entre dans l'évaluation de la durée maximum que peut atteindre le congé de convalescence, mais ne peut donner lieu rétroactivement à l'augmentation de solde prévue à l'article 55.

Article 57

PAR QUI ACCORDÉS

Sauf l'exception prévue à l'article 31, les congés de convalescence et leurs prolongations sont accordés :

I. En France :

1° Pour les fonctionnaires de l'Administration centrale et des services annexes par le Ministre, dans les conditions prévues à l'article 46 (v. art. 80) ;

2° Pour le personnel en service dans les ports de commerce par le Ministre, sur la proposition du chef de Service colonial (voir art. 45, 59 et 80) ;

3° Pour le personnel des services coloniaux ou locaux :

a. Par le chef du Service colonial du port administrateur, dans la limite fixée au paragraphe III de l'article 43, sur avis conforme des autorités médicales attachées audit service, après production des certificats prévus à l'article 59 (v. art. 71, § III, et 80) ;

b. Au delà de cette limite et jusqu'à concurrence d'une année d'absence (si le terme fixé par le Conseil de santé de la colonie est inférieur à cette période), et à partir d'une année d'absence, par le chef du Service colonial, sur avis conforme du Conseil supérieur de santé, saisi par lui du dossier (v. art. 49, 50, 51, 52 et 80) ;

II. Aux colonies, par les Gouverneurs, sur l'avis du Conseil de santé local, quel que soit le lieu de jouissance du congé (v. art. 43, 59, 73, 76 et 80).

Les Gouverneurs rendent compte au Ministre des congés ou prolongations de congés de convalescence qu'ils accordent au personnel rétribué sur les fonds du budget colonial ou ayant droit à pension de l'Etat.

Ils doivent également, lorsqu'il s'agit d'un fonctionnaire affecté à une autre colonie, aviser le chef de cette dernière possession de la concession accordée par eux.

ARTICLE 58

ENTRÉE EN JOUISSANCE DES CONGÉS DE CONVALESCENCE ET DE LEUR PROLONGATION

I. Les congés de convalescence courent :

Pour les fonctionnaires, employés et agents présents en France ou dans la colonie où ils doivent jouir de leur congé, du jour fixé par la décision de l'autorité compétente.

Pour le personnel arrivant des colonies, soit en France, soit dans une autre colonie, du jour fixé par l'article 75 du présent décret.

II. Les prolongations de congé de convalescence datent du jour de l'expiration du congé antérieur (v. art. 25, 56).

ARTICLE 59 (1)

JUSTIFICATIONS A PRODUIRE

Les demandes de congé ou de prolongation de congé de convalescence doivent être appuyées :

1° Pour les fonctionnaires, employés et agents présents dans les colonies, ou arrivant de ces possessions d'un certificat délivré par le Conseil de santé local (v. art. 43, 70 et 71).

2° Pour les fonctionnaires, employés et agents présents en France, d'un certificat établi par le délégué du Conseil supérieur de santé des Colonies, ou par le médecin du service colonial dans les ports de commerce ; par le Conseil de santé dans les ports maritimes ; par un médecin militaire ou, à défaut, par un médedin civil dans les autres localités (v. art. 71).

Les certificats délivrés par les médecins civils doivent être dûment légalisés.

(1) Voir circulaires des 16 novembre, 30 décembre 1899 et décret du 21 octobre 1903 (*B. O. C.*, 1899, p. 1471 et 1482, et 1903, page 1223).

Article 60

RÉSILIATION DES CONGÉS DE CONVALESCENCE

Aucun congé de convalescence ne peut être résilié sans que les autorités médicales sur l'avis desquelles la concession a été accordée, n'aient été consultées et sans la production d'un certificat médical constatant que l'intéressé est en état de reprendre son service (v. art. 71).

Article 61

CONGÉS ACCORDÉS POUR EN JOUIR DANS LA COLONIE DE SERVICE

Les congés de convalescence accordés pour en jouir dans la colonie de service doivent être considérés comme interrompant le séjour nécessaire à l'obtention du congé administratif (v. art. 35 et 73).

§ 6. *Congés pour faire usage des eaux thermales ou minérales*

Article 62

CONGÉS POUR FAIRE USAGE DES EAUX THERMALES OU MINÉRALES. LEUR DURÉE. SOLDE A LAQUELLE ILS DONNENT DROIT

I. Des congés avec jouissance de la solde de présence calculée dans les conditions de l'article 35, paragraphe III, alinéas B. et C du présent décret peuvent être accordés pour faire usage des eaux thermales ou minérales. La durée de ces congés est égale au double du temps passé dans les stations thermales, sans pouvoir excéder la limite de deux mois sauf les exceptions prévues aux paragraphes II, III et VII ci-après.

II. Lorsque le besoin d'un redoublement de saison aura été constaté par les médecins particuliers des eaux, une prolongation de congé d'un mois, ou s'il est nécessaire, d'une durée égale à la saison, pourra être accordée avec jouissance de la même solde par décision ultérieure de l'autorité compétente.

Lorsque la saison est de soixante jours et au delà, une prolongation d'un mois est accordée de plein droit.

III. Le fonctionnaire, employé ou agent qui, s'étant rendu aux eaux, est empêché d'en faire usage, par suite des prescriptions des médecins, ne conserve le droit à la solde entière que pendant le temps qu'il a été contraint de passer dans la station thermale.

IV. Pour obtenir ultérieurement le rappel de leur solde, les fonctionnaires, employés et agents ont à produire un certificat du médecin traitant, constatant le temps pendant lequel ils y ont été traités.

V. Ceux qui viennent des établissements près lesquels il existe un hôpital militaire ont à produire, en outre, un certificat du médecin en chef de l'hôpital ou toute autre pièce officielle constatant s'ils ont été, ou non, hospitalisés, et, dans le cas de l'affirmative, la durée de leur séjour à l'hôpital.

Cette disposition n'est pas applicable aux fonctionnaires assimilés aux officiers supérieurs, lesquels ne peuvent être hospitalisés.

VI. Les fonctionnaires, employés et agents, qui, étant en congé à solde réduite, obtiennent, dans les conditions du paragraphe I du présent article, l'autorisation de faire usage des eaux, recouvrent les droits à la solde de présence calculée dans les conditions de l'article 35, § III, alinéas B et C, pendant une durée égale à celle qu'ils auraient pu obtenir par application des paragraphes I, II, III et VII.

VII. Dans le cas où il a été établi, par des certificats légalisés et émanant de deux médecins militaires ou civils, consultants aux eaux thermales ou minérales, que la maladie dont est atteint le fonctionnaire, l'employé ou l'agent, exige un traitement interrompu par une période de repos n'excédant pas trente jours, le congé pour les eaux sera augmenté d'une durée égale à celle de l'interruption.

VIII. Les concessions accordées en vertu du présent article deviennent nulles de plein droit si le fonctionnaire, employé ou agent ne fait pas usage des eaux à l'époque qui lui a été indiquée par l'autorité compétente sans avoir obtenu au préalable, de la même autorité, un changement de saison motivé par des circonstances de force majeure.

Il en est de même pour celui qui se rend à une station autre que celle qui lui a été indiquée par ladite autorité.

Article 63

FIXATION POUR LE PERSONNEL DE L'ADMINISTRATION CENTRALE DE LA DURÉE DES CONGÉS POUR FAIRE USAGE DES EAUX THERMALES ET MINÉRALES

Les dispositions des paragraphes I et II de l'article précédent, relatives à la durée des congés et prolongations de congé pour les eaux thermales ou minérales, ne sont pas applicables au personnel de l'Administration centrale des Colonies, pour lequel le Ministre fixe, sur la proposition du Conseil supérieur de santé, la durée de l'absence, en ce qui concerne spécialement les congés et prolongations de congé de l'espèce.

Article 64

PAR QUI ACCORDÉS

Les congés pour faire usage des eaux thermales ou minérales et les autorisations de faire usage des dites eaux sont accordés :

1° En France, par le chef du Service colonial du port administrateur :

a. Sur l'avis conforme des autorités médicales attachées audit port lorsque l'envoi aux eaux a été demandé par le Conseil de santé de la colonie de provenance de l'intéressé au moment de son départ ou, dans le cas contraire, s'il est constaté par les autorités médicales dudit port que son état peut bénéficier d'une cure hydrominérale ;

b. Sur l'avis conforme du Conseil supérieur de santé des colonies s'il y a divergence d'appréciation entre le Conseil de santé de la colonie et les autorités médicales du port, tant au point de vue de l'utilité des eaux que de la désignation de la station (v. art. 71, 74, 76, et 80) ;

2° Aux colonies, par les Gouverneurs, sur avis motivé du Conseil de santé de la colonie (v. art. 71, 74, 76 et 80).

Article 65

DEMANDES D'HOSPITALISATION DANS UN ÉTABLISSEMENT THERMAL OU MINÉRAL

1° Lorsque l'envoi d'un fonctionnaire ou agent est accordé pour une station possédant un hôpital militaire thermal, le chef du Service colonial prend immédiatement et lui-même directement, toutes mesures utiles en vue, soit de l'hospitalisation par l'Administration de la guerre de l'agent intéressé, soit de la concession en sa faveur de l'autorisation de faire usage des bains et douches audit établissement. Dès la réception de la réponse de l'Administration de la guerre, le chef du Service colonial procède aux notifications nécessaires.

2° En ce qui concerne les fonctionnaires et agents coloniaux en retraite, le chef du Service colonial du dernier port qui les a administrés transmet directement à l'Administration de la guerre, les demandes présentées par les intéressés accompagnées des justifications médicales dûment motivées sans que cette transmission puisse constituer pour les intéressés un droit à l'hospitalisation.

Le chef du Service colonial prendra toutes mesures nécessaires pour permettre le remboursement par les intéressés à l'Administration de la guerre des journées de traitement des dits fonctionnaires ou agents coloniaux en retraite.

§ 7. *Congés hors cadres*

ARTICLE 66 (1)

CONGÉS POUR SERVIR HORS CADRES

I. Les fonctionnaires, employés et agents peuvent être placés en service détaché dans la position de congé hors cadre et sans solde :

1° Pour servir dans des entreprises commerciales ou industrielles intéressant le développement de l'influence française ;

2° Pour servir auprès d'une puissance étrangère ;

(1) Les congés accordés en vertu de cet article ne peuvent être concédés que conformément aux dispositions de l'article 2 de la loi du 22 août 1790. L'absence de peut, par suite, être autorisée que si elle a pour objet de permettre de remplir des services intéressant la société tout entière. Ceux qu'un particulier peut rendre à un autre particulier ne sont rangés dans cette classe qu'autant qu'ils sont accompagnés de circonstances qui en font réfléchir l'effet sur tout le corps social, c'est-à-dire, en l'espèce, s'ils sont destinés à favoriser le développement de l'influence française.

En outre, un avis de la section Finances, etc., du Conseil d'Etat, en date du 1er avril 1900, stipule que, pour préciser et restreindre dans de justes bornes la portée de cette exception aux règles ordinaires, il est nécessaire de se référer pour la concession de ces congés au texte organique de la matière, la loi du 22 août 1790, art. 2. — La section ajoute, pour accentuer le caractère restrictif de ce principe, que le but manifeste du législateur « en accordant ce traitement de faveur aux fonctionnaires détachés, a été d'assurer le concours de compétences formées au service de l'Etat aux œuvres d'intérêt public que pourraient poursuivre, en dehors de celui-ci, les collectivités et les particuliers, que ce but ne peut être atteint que si les agents en question sont employés, durant la période de leur détachement, dans un ordre de spécialités correspondant à l'emploi qu'ils occupaient auprès de l'Etat. »

3° Pour être employés hors de leur service d'origine dans l'administration locale d'une colonie ou d'un pays de protectorat français.

II. Le temps passé en congé hors cadres est, au point de vue du droit à pension, assimilé à la présence effective de l'intéressé dans son service d'origine, sous réserve des retenues qu'il doit subir sur ses émoluments dans les conditions prévues à l'article 116 ci-après.

Les congés prévus dans les deux premiers cas susvisés peuvent être accordés pour une période maximum de cinq années renouvelable une seule fois (décret du 9 août 1928).

Article 67

PAR QUI ACCORDÉS

Les congés de cette nature ne sont accordés que par le Ministre (v. art. 71, 74, 76, et 80).

§ 8. *Congés d'expectative de réintégration*

Article 68 (1)

CONGÉS ACCORDÉS AUX FONCTIONNAIRES ET AGENTS RENDUS AUX DÉPARTEMENTS MINISTÉRIELS AUXQUELS ILS ÉTAIENT EMPRUNTÉS

I. Les fonctionnaires et agents des services métropolitains détachés aux Colonies, pour y remplir des emplois de leur spécialité, qui doivent être rendus au département ministériel auquel ils ont été empruntés, peuvent, lorsque des raisons indépendantes de leur volonté s'opposent à leur réintégration immédiate, obtenir, du Ministre des Colonies, des congés spéciaux en attendant leur réintégration (v. art. 71, 74, 76 et 80).

Les fonctionnaires et agents remis par mesure disciplinaire à la disposition de leur département ne peuvent prétendre à ces congés.

II. Pour les agents rendus d'office à leur département d'origine, ces

(1) Circulaires du 25 février 1909 sur les licenciements et les remises à la disposition du Département.

congés spéciaux sont accordés à solde entière, dans la limite maxima de six mois, à compter du débarquement en France, sauf prolongation à demi-solde pendant six autres mois (v. art. 69).

Si, antérieurement à la remise d'office, l'intéressé a joui d'un congé d'autre nature, et, si à l'expiration de ce congé la réintégration n'a pu être effectuée, le fonctionnaire peut obtenir un congé spécial dans les conditions du présent article, mais ce congé spécial est considéré au point de vue de la durée maxima et de la solde y afférente, comme ayant commencé au jour de la remise à la disposition du service d'origine (v. art. 48).

III. Les agents quittant le service des colonies sur leur demande n'ont droit pendant ces congés spéciaux qu'à la demi-solde d'Europe et dans la limite d'une année au plus y compris la durée des autres congés qui peuvent leur avoir été accordés depuis leur rentrée en France (v. art. 48 et 69).

§ 9. *Règles communes aux différentes espèces de congé*

Article 69 (*Abrogé*)

Article 70

OBLIGATION DE LA VISITE MÉDICALE POUR LE PERSONNEL PARTANT EN CONGÉ

Tout fonctionnaire, employé ou agent quittant une colonie, titulaire d'un congé d'une nature quelconque doit être visité avant son départ par le Conseil de santé de la colonie, et le certificat établi par cette assemblée doit accompagner les autres pièces relatives à son congé, transmises aux autorités compétentes par l'administration locale.

Article 71

MODE D'ENVOI DES DEMANDES DE CONGÉ ET DE PROLONGATION DE CONGÉ

I. Les demandes de congé ou de prolongation de congé doivent être transmises par la voie hiérarchique à l'autorité compétente.

II. Les fonctionnaires et agents qui sont en France doivent les adresser au chef du Service colonial du port qui les administre.

III. Les chefs du Service colonial des ports de la métropole rendent compte au Ministre de toutes les concessions de congés ou de prolongations accordées par eux.

Ces notifications sont individuelles en ce qui concerne les chefs de service figurant à la 1re catégorie du tableau de classement annexé au décret sur les déplacements du personnel ou les agents rétribués sur les fonds du budget colonial; elles font l'objet de listes hebdomadaires distinctes par service pour les autres fonctionnaires.

Les chefs du Service colonial avisent, dans les mêmes conditions, des concessions accordées, les Gouverneurs des colonies intéressées.

Article 72

FONCTIONNAIRES, EMPLOYÉS ET AGENTS EN CONGÉ APPELÉS A SIÉGER AUX CONSEIL GÉNÉRAUX

Les congés des fonctionnaires, employés et agents qui sont appelés au cours d'une de ces autorisations d'absence, à siéger au Conseil général d'un département ou d'une colonie, sont prorogés, s'il y a lieu, sans changement dans la quotité de la solde jusqu'au lendemain de la clôture de la session.

Pour obtenir le rappel de leur solde, les intéressés doivent produire le certificat exigé par l'article 14.

Article 73

DISPOSITIONS SPÉCIALES AUX CONGÉS ACCORDÉS POUR ALLER AUX COLONIES FRANÇAISES OU EN PAYS ÉTRANGER

Les congés à passer aux Colonies, ou en pays étranger, ne peuvent donner droit à la solde pendant plus d'une année.

Article 74

ÉPOQUE A LAQUELLE UN CONGÉ EST PÉRIMÉ

Tout congé dont il n'a pas été fait usage est considéré comme périmé un mois après la date à laquelle le fonctionnaire ou agent a reçu avis qu'il était accordé.

Ce délai peut être porté à trois mois par décision spéciale de l'autorité qui a concédé le congé, pour les congés accordés à l'effet de se rendre outre-mer et *vice versa*.

Article 75

PÉRIODES COMPRISES DANS LA DURÉE DES CONGÉS

I. Sauf dispositions contraires prévues au titre des différents congés, tout congé court du lendemain du jour où le titulaire cesse ses fonctions jusqu'au jour exclus où il les reprend (v. art. 56, 58 et 68).

II. Néanmoins, pour les fonctionnaires, employés ou agents servant sur un point outre-mer et autorisés à se rendre dans un autre pays, pour y jouir de leur congé, le congé ne court que du jour du débarquement ou de la sortie du lazaret dans ledit pays jusqu'au jour exclus de l'embarquement pour rallier le poste de service. Si le congé est accordé à destination de l'étranger, le temps du voyage excédant celui qui est strictement nécessaire, pour venir en France, est précompté, tant à l'aller qu'au retour, sur la durée du congé. En cas d'arrêt volontaire sur un point quelconque de la route, la durée de cet arrêt se confond avec le congé.

III. Les congés et les prolongations de congé courent pendant le séjour à l'hôpital (v. art. 118 et 119).

Article 76

INSCRIPTION ET VISA DES CONGÉS A L'ALLER ET AU RETOUR

I. Tout fonctionnaire, employé ou agent qui obtient un congé est tenu de présenter lui-même, dans les vingt-quatre heures, le titre dont il est porteur au visa de l'autorité administrative dont il relève.

II. Tout congé doit être immédiatement inscrit sur les contrôles de solde et sur le livret de solde de l'intéressé (v. art. 154).

III. Le visa doit être refusé pour tout congé qui aurait été accordé contrairement aux règles tracées par le présent décret.

IV. Tout fonctionnaire, employé ou agent, rentrant de congé, est tenu de se présenter à l'autorité administrative pour faire constater par un visa sur son titre de congé, la date de retour à son poste.

Article 77

ÉPOQUE DE LA RENTRÉE EN JOUISSANCE DE LA SOLDE DE PRÉSENCE A L'EXPIRATION D'UN CONGÉ

I. Les fonctionnaires ou agents en congé, avec solde ou sans solde, rentrent en jouissance de la solde de présence :

1° S'ils sont employés en France ou dans la colonie où ils ont bénéficié de leur congé, du jour où ils ont rejoint leur poste ;

2° S'ils comptent dans le cadre d'une colonie et qu'ils aient bénéficié de leur congé en France ou dans une colonie autre que celle à laquelle ils appartiennent, du jour où ils arrivent au port d'embarquement, dans les conditions fixées par leur ordre de départ ;

3° S'ils comptent dans le cadre d'une colonie et qu'ils aient bénéficié de leur congé à l'étranger, du jour de leur retour dans la colonie de service.

II. Les fonctionnaires et agents soumis aux dispositions du présent décret, y compris le personnel détaché des cadres métropolitains, peuvent, à l'expiration de leur position de présence régulière dans la métropole, être maintenus par ordre en France jusqu'à la veille du jour de leur embarquement, avec la jouissance de la solde qu'ils recevaient en dernier lieu, pour l'un des motifs suivants :

a) Retard dans le départ d'un paquebot a destination de leur colonie de service, ou manque de places nécessaires à leur embarquement ;

b) Expectative de nomination dans un cadre colonial, à la suite d'un concours, d'un examen ou d'une permutation ;

c) Autorisation de prendre part, dans la métropole à des examens ou concours de carrière ;

d) Expectative d'affectation à une colonie nouvelle ;

e) Expectative de retraite.

La position de maintien par ordre, dans les conditions prévues au paragraphe précédent, est également applicable aux fonctionnaires et agents visés ci-dessus qui, présents en France, peuvent se voir, en raison de leurs aptitudes spéciales, chargés de travaux dont le caractère ne justifierait pas leur mise en mission, ou désignés pour suivre certains cours professionnels ou pour accomplir un stage technique.

Si, à la date initiale de leur maintien par ordre, les intéressés comptent déja dix-huit mois de séjour dans la métropole, ils ne pourront prétendre à la solde entière de présence que sur une décision motivée du Ministre.

Pour tout maintien par ordre d'une durée supérieure à un mois, l'intervention d'une décision du Ministre est nécessaire ; cet acte doit être renouvelé, s'il y a lieu, pour chaque période complémentaire de trois mois, la durée totale des maintiens par ordre ne pouvant excéder douze mois, sauf cas exceptionnels qui devront faire l'objet d'une décision motivée.

L'ensemble des dispositions du présent paragraphe n'est pas applicable aux fonctionnaires, employés et agents, entretenus sur le budget de l'Etat, régis par les actes rendus en conformité de l'article 9 de la loi du 18 octobre 1919.

III. Les fonctionnaires, employés et agents maintenus dans leurs foyers sur leur demande sont placés d'office dans la position de disponibilité, à moins qu'ils ne puissent prétendre à un congé pour affaires personnelles dans les conditions prévues à l'article 32 (v. art. 84).

Article 78

FONCTIONNAIRES, EMPLOYÉS ET AGENTS DÉPASSANT LA LIMITE DE LEUR CONGÉ

I. Les dispositions du premier paragraphe de l'article 27, relatives au fonctionnaire, employé ou agent dépassant la limite de sa permission, sont également applicables à celui qui, étant en congé avec solde, dépasse la limite dudit congé (v. art. 111 et 112).

II. Le fonctionnaire, employé ou agent en congé sans solde, qui n'a pu, pour cause de force majeure ou de maladie, rentrer à son poste à l'expiration de son congé, est également astreint à avertir immédiatement son chef direct de l'événement qui lui est survenu et à produire les justifications exigées par le premier paragraphe susvisé de l'article 27.

Article 79

FONCTIONNAIRES RENTRANT AVANT L'EXPIRATION DE LEUR CONGÉ

Le fonctionnaire, employé ou agent en congé qui use de la faculté de rentrer à son poste avant l'expiration de son congé, recouvre ses droits à la solde de présence à compter du jour de son retour à son poste ou du jour de son arrivée au port d'embarquement, s'il a été régulièrement autorisé à le rejoindre.

Article 80

Les décisions de concession de congé de toute nature ne lient pas le Ministre au cas où les nécessités du service exigeraient inopinément le retour du bénéficiaire à son poste. Elles se trouvent de ce fait annulées de plein droit pour la période restant à courir.

Le Ministre est seul juge de l'opportunité de cette mesure.

Section V. — Solde de détention

Article 81

FONCTIONNAIRES MIS EN JUGEMENT

I. S'ils étaient en activité de service au moment de leur arrestation, les fonctionnaires, employés et agents en jugement reçoivent, pendant le temps de leur emprisonnement, et jusqu'au jour inclus où la décision judiciaire rendue à leur égard est devenue définitive, la moitié de la solde d'Europe, sans accessoires.

La même règle s'applique aux fonctionnaires ou agents mis en liberté sous caution.

II. En cas d'acquittement ou d'ordonnance de non-lieu, les intéressés sont rappelés du surplus de leur solde, selon leur position antérieure d'activité, pour tout le temps pendant lequel ils ont été détenus ; s'ils sont condamnés, ils n'ont droit à aucun rappel.

III. Dans ce dernier cas, si la condamnation n'entraîne pas la perte du grade ou de l'emploi, le fonctionnaire, employé ou agent perd droit à toute solde pendant toute la durée de l'emprisonnement en exécution du jugement.

IV. Si la condamnation entraîne la perte du grade ou de l'emploi, le fonctionnaire, employé ou agent cesse d'avoir droit à tout traitement à partir du jour où le jugement est devenu définitif.

V. Les fonctionnaires, employés et agents qui se trouvent dans la position de congé sans solde ne peuvent prétendre à aucun traitement, soit pendant la durée de leur emprisonnement, soit à titre de rappel en cas d'acquittement (v. art. 136).

VI. Le fonctionnaire jouissant de l'état d'officier qui est mis en jugement au cours de la non-activité reste en possession de sa solde jusqu'au jour du jugement. S'il est condamné et reste en non-activité, il conserve la jouissance du même traitement. Toutefois, pendant toute la durée de l'emprisonnement en exécution du jugement, il n'a droit à aucune solde.

Article 82

FONCTIONNAIRES DÉCÉDÉS AVANT JUGEMENT

Les héritiers du fonctionnaire ou agent détenu décédé avant jugement ont droit au rappel déterminé par le paragraphe II de l'article 81 pour le cas d'acquittement.

Section VI. — Solde de captivité

Article 83

DROIT A LA SOLDE

La solde de captivité est allouée à tout fonctionnaire, employé ou agent fait prisonnier de guerre, à compter du lendemain du jour où il est tombé au pouvoir de l'ennemi jusqu'au jour exclu où il s'est remis à la disposition des autorités françaises

La solde de captivité est fixée à la moitié de la solde d'Europe, sans accessoires (v. art. 17, 140, 150 et 156).

CHAPITRE III

SOLDE DE DISPONIBILITÉ

Section première. — Solde de disponibilité

Article 84

DÉFINITION DE LA DISPONIBILITÉ. CONCESSION ET DURÉE

I. Les fonctionnaires et agents qui, sans pouvoir prétendre à aucun des congés prévus par le présent décret, se trouvent momentanément distraits du service, sont placés dans la position de disponibilité (1).

Le temps passé en disponibilité n'ouvre droit à aucun traitement; il ne compte ni pour l'avancement ni pour la retraite.

II. La mise en disponibilité a lieu, soit sur la demande de l'intéressé, soit d'office, dans les cas prévus par les articles 32, 51 et 77 du présent décret et par les règlements spéciaux aux différents personnels. Elle est prononcée par l'autorité qui a qualité pour procéder à la nomination. Toutefois, pour les agents locaux présents en France, elle peut être prononcée par le Ministre qui en avise immédiatement les autorités locales (v. art. 159).

III. La mise en disponibilité est prononcée pour une période maxima de deux ans ; des prolongations successives d'un an peuvent être accordées jusqu'à concurrence d'une durée totale et ininterrompue de cinq ans. Après cinq années consécutives passées en disponibilité, le fonctionnaire ou agent qui n'a pas demandé à reprendre du service est, après mise en demeure, rayé des contrôles et admis à la retraite, s'il y a droit. La même disposition est applicable au fonctionnaire ou agent dont le maintien en

(1) Voir décret du 5 septembre 1917 relatif à l'avancement des fonctionnaires mobilisés alors qu'ils étaient en disponibilité ou en congé sans solde.

disponibilité n'est pas renouvelé jusqu'à la limite de cinq ans et qui, après mise en demeure, ne rejoint pas le poste qui lui est assigné par l'autorité compétente.

IV. Le fonctionnaire ou agent qui, à l'expiration de la période de disponibilité en cours demande à reprendre du service, doit recevoir une affectation dès qu'il se produit une vacance dans son emploi (1).

Article 85

POSITION DE DISPONIBILITÉ SPÉCIALE AUX GOUVERNEURS GÉNÉRAUX, GOUVERNEURS ET RÉSIDENTS SUPÉRIEURS

I. Par dérogation aux dispositions de l'article précédent, les Gouverneurs généraux, Gouverneurs et Résidents supérieurs non pourvus d'un poste actif sont placés dans la position de disponibilité dans les conditions fixées par les décrets des 2 février 1890 et 6 avril 1900. Ils peuvent être, avec ou sans traitement, chargés de travaux particuliers ou de missions spéciales.

II. Les traitements de disponibilité sont accordés dans la mesure des crédits budgétaires libres. Le maximum en est fixé par les tarifs annexés aux décrets précités (v. art. 141).

III. Le temps de la disponibilité avec traitement compte seul pour la retraite.

IV. La situation de disponibilité avec traitement peut être maintenue pendant trois ans pour ceux des hauts fonctionnaires énumérés par le paragraphe I du présent article qui ont plus de quinze ans de services rétribués et pendant deux ans pour ceux qui ne justifient pas de cette condition.

Article 86 (2)

SOLDE DE DISPONIBILITÉ DES INSPECTEURS GÉNÉRAUX DES COLONIES

Les inspecteurs généraux des Colonies qui, tout en continuant de faire partie du cadre d'activité sont momentanément sans emploi, peuvent être placés dans la position de disponibilité. (Loi du 19 mai 1834, art. 3).

(1) Les réintégrations prononcées par les Gouverneurs sont portées immédiatement à la connaissance du Ministre en ce qui concerne les fonctionnaires ayant droit à pension de l'Etat.

(2) Voir l'article 22.

Dans cette situation, ils reçoivent les allocations suivantes : pendant les premiers six mois, la solde de présence de leur grade, dégagée de tous accessoires ; passé ce délai, la moitié de ladite solde.

La mise en disponibilité des inspecteurs généraux est prononcée par décret ; l'entrée en jouissance de la solde de disponibilité a lieu à partir du jour où la décision le concernant a été notifiée à l'intéressé (v. art. 141).

Articles 87, 88 et 89

Abrogé

TITRE II

ALLOCATIONS ACCESSOIRES

CHAPITRE IV

SUPPLÉMENTS ET INDEMNITÉS

§ Ier — A. *Supplément colonial*

ARTICLE 89 *bis*

PRINCIPE D'ALLOCATION
TAUX
RÈGLES DE CONCESSION

I. Le supplément colonial est un accessoire de solde alloué aux fonctionnaires, employés et agents pour leur tenir compte de leur séjour effectif dans nos possessions outre-mer.

Il est attribué au personnel des Services coloniaux organisés par décret lorsque les textes organiques de ce personnel en spécifient la concession. Les fonctionnaires, employés et agents détachés des services métropolitains peuvent également y prétendre dans les conditions fixées par les règlements spéciaux qui déterminent les conditions de leur mise à la disposition du service colonial.

II. Sous les réserves prévues au paragraphe VII du présent article à l'égard des fonctionnaires appelés à changer de colonie par suite d'une promotion, le supplément colonial est fixé comme suit :

Nouvelle-Calédonie, 5/10 de la solde ; Saint-Pierre-et-Miquelon, 6/10 de la solde ; Inde, 6/10 de la solde ; Madagascar, 7/10 de la solde ; Martinique, 65 /100 de la solde ; Guadeloupe 65/100 de la solde ; Réunion, 65/100 de la solde ; Guyane, 7/10 de la solde ; Afrique occidentale, 7/10 de la solde ; Côte française des Somalis, 7/10 de la solde ; Indochine, 7/10 de la solde ; Etablissement français de l'Océanie, 7/10 de la solde ; Iles Wallis, 7/10 de la solde ; Nouvelles Hébrides, 8/10 de la solde ; Afrique équatoriale, 10/10 de la solde ; Cameroun, 9/10 de la solde ; Togo, 7/10 de la solde.

III. Les fonctionnaires, employés et agents qui sont envoyés en mission soit dans la colonie où ils sont en service, soit de cette colonie dans une autre colonie, sans cesser d'appartenir au service de la colonie dont ils sont détachés, continuent d'avoir droit au supplément colonial cumulativement avec les allocations auxquelles ils peuvent prétendre pour l'accomplissement de leur mission.

Le taux dudit supplément est celui prévu pour la colonie où ils se trouvent effectivement. Pendant les périodes de traversée, la concession de cet accessoire est réglée par les dispositions du paragraphe IV ci-après.

IV. Le droit au supplément colonial court du jour inclus du débarquement aux colonies et cesse le jour de l'embarquement pour rentrer en France. Il n'est pas interrompu lorsque le fonctionnaire, employé ou agent en service ou en mission aux colonies voyage par ordre, par voie maritime ou fluviale, entre les diverses dépendances d'un même gouvernement général ou d'une même possession.

V. Les fonctionnaires, employés et agents qui, en cours de voyage ou à leur débarquement, sont retenus en quarantaine au lazaret d'une colonie peuvent prétendre à leur choix, pendant la quarantaine, soit au supplément colonial afférent à ladite colonie, soit à la concession de l'indemnité de séjour prévue à l'article 68 position 8 du décret du 3 juillet 1897 sur les déplacements.

VI. Ont également droit au supplément colonial afférent à la possession ou ils se trouvent effectivement, cumulativement avec les indemnités règlementaires de séjour, les fonctionnaires, employés ou agents qui, soit en se rendant de France aux colonies et vice-versa, soit en passant d'une colonie dans une autre, sont débarqués ou retenus par ordre ou par cas de force majeure :

1° Dans une possession autre que celle à laquelle ils sont ou étaient affectés ;

2° Dans un port de la colonie ou du gouvernement général autre que celui du débarquement.

VII. Les fonctionnaires, employés ou agents qui, par suite de leur nomination, sont appelés à changer de colonie ne reçoivent le supplément colonial afférent à leur nouvelle solde et à la colonie où ils doivent continuer à servir que du jour de leur arrivée dans cette dernière colonie.

Du jour de leur nomination au jour exclu de leur embarquement de la colonie de provenance pour suivre leur nouvelle destination, ils reçoivent un total d'émoluments se décomposant comme suit :

1° Solde de présence de leur nouvel emploi ;

2° Supplément colonial transitoire égal à la différence entre ce traitement et leur ancienne solde augmentée du supplément colonial y afférent.

Du jour de leur embarquement de la colonie de provenance jusqu'au jour exclu de leur débarquement dans la possession où ils doivent continuer à servir, ils ont droit à la solde de présence de leur nouvel emploi.

Toutefois, lorsque cette solde est supérieure à leur ancien traitement majoré, s'il y a lieu du supplément colonial y afférent, ladite solde est seule allouée du jour de la nomination au jour exclu du débarquement dans la colonie de destination.

Dans les cas prévus par le présent paragraphe, l'imputation de la solde et éventuellement du supplément colonial est effectuée conformément aux prescriptions de l'article 40, paragraphe III du décret du 3 juillet 1897 sur les déplacements.

VIII. Le supplément colonial suit le régime de la solde. Il est réductible dans la même proportion que cette dernière, notamment dans le cas prévu à l'article 113, paragraphe IV du présent décret.

§ 1er B. *Suppléments de fonctions*

Article 90

Abrogé

§ 2. *Indemnité de résidence dans Paris*

Article 91

INDEMNITÉ POUR RÉSIDENCE DANS PARIS

I. L'indemnité de résidence dans Paris est une allocation attribuée au fonctionnaire, employé ou agent des services coloniaux, rétribués sur le budget général, local ou spécial d'une colonie ou d'un pays de protectorat, dont la résidence normale au moment de sa désignation est fixée hors du département de la Seine, lorsqu'il est appelé à Paris pour y être pourvu temporairement d'un emploi.

Cette allocation est destinée à dédommager l'intéressé des dépenses supplémentaires qu'entraîne un séjour momentané dans la capitale (v. art. 136).

Elle est allouée à compter du jour où le fonctionnaire, employé ou agent, prend son service (v. art. 137).

II. L'indemnité n'est pas due aux fonctionnaires, employés ou agents des services coloniaux rétribués sur le budget général, local ou spécial d'une colonie ou d'un pays de protectorat, qui reçoivent un traitement spécial, à raison des fonctions qu'ils sont appelés à remplir, ni aux fonctionnaires, employés ou agents en mission à Paris, lorsqu'ils restent titulaires de leur emploi hors la capitale.

III. L'indemnité est déterminée par le tarif ci-après ; le taux en est fixé d'après l'assimilation hiérarchique de l'intéressé telle qu'elle est déterminée par le tableau de classement annexé au règlement sur les déplacements du personnel.

IV. Elle n'est due que pour les journées de présence dans Paris.

V. Toutefois, elle est conservée pendant les deux premiers mois de leur absence aux fonctionnaires, employés et agents des services coloniaux rétribués sur le budget général, local ou spécial d'une colonie ou d'un pays de protectorat, qui se déplacent pour le service, et pendant le premier mois seulement, si l'absence résulte de toute autre cause.

DÉSIGNATION DES EMPLOIS et des catégories	MONTANT ANNUEL de l'indemnité	Montant annuel de l'indemnité pour les ressortissants de la Guadeloupe et de la Réunion
	francs	francs
Gouverneurs généraux	3.000	2.000
1re catégorie A	2.700	1.800
1re catégorie B	2.400	1.500
2e catégorie	1.800	1.200
3e catégorie	1.500	900
4e catégorie	1.200	750
5e catégorie	900	600
6e catégorie	700	450

§ 3. *Indemnité spéciale de séjour en France*

Article 92

I. Les fonctionnaires, employés et agents des services coloniaux entretenus sur les budgets généraux, locaux ou spéciaux des colonies et pays de protectorat qui se trouvent en France (y compris la Corse) dans une position de service ou de congé rétribué ont droit à une indemnité spéciale de séjour, fixée uniformément au chiffre de 2.240 francs par an (1), non réductible en cas de congé à demi-solde, calculée à partir du jour du débarquement et payée à terme échu, en même temps que le traitement.

II. Toutefois cette allocation est maintenue aux fonctionnaires, employés et agents visés au paragraphe 1er qui se trouvent dans la position de congé rétribué, dans la limite d'une année seulement à partir du jour du débarquement ou de l'arrivée en France, quelle que soit la cause de la prolongation du congé.

Il est fait dérogation à cette dernière disposition en faveur des fonctionnaires, employés et agents qui, à l'expiration de leurs congés, sont, faute de places disponibles sur les navires ralliant leur colonie de destination, maintenus par ordre dans leur foyer, en attendant leur départ pour la dite possession ; les intéressés conservent ou recouvrent, quelle que soit la durée de leur séjour dans la métropole, le droit à l'indemnité spéciale de séjour, à partir du lendemain de l'expiration de leur dernier congé jusqu'à la veille de leur arrivée au port d'embarquement à la date fixée par le chef du service colonial de ce port.

Le fonctionnaire, employé ou agent qui, postérieurement à son maintien par ordre, en expectative de départ, obtient un sursis, un congé quelconque, sa mise hors cadres ou sa mise en disponibilité perd ses droits à l'indemnité spéciale pour la période antérieure dépassant la limite fixée par le premier alinéa du présent paragraphe, sous réserve toutefois des dispositions du paragraphe III ci-après :

L'indemnité de séjour n'est pas cumulable au port d'embarquement avec l'indemnité de séjour attribuée par le décret du 18 avril 1919.

Le droit à l'attribution de l'indemnité spéciale de séjour relève de l'appréciation du chef du Service colonial du port d'embarquement qui possède seul les éléments d'informations nécessaires sur la situation exacte à ce point de vue des fonctionnaires, employés et agents embarqués par ses soins.

III. Par contre, elle est conservée au fonctionnaire ou agent employé

(1) Décret du 29 août 1926.

temporairement dans la métropole pendant toute la durée de la période où il est maintenu en service.

IV. Elle est cumulable, le cas échéant, avec l'indemnité de résidence dans Paris prévue à l'article précédent et avec les indemnités de déplacement ordinaires.

V. Les dispositions des paragraphes précédents du présent article et celles de l'article 91 ne sont pas applicables aux fonctionnaires, employés et agents entretenus sur le budget de l'Etat. Ceux-ci sont soumis, au point de vue de l'indemnité de résidence à Paris et en France, aux prescriptions du décret du 11 décembre 1919 ou de tout acte de même nature rendu en conformité de l'article 9 de la loi du 18 octobre 1919.

§ 4. *Indemnité de zone*

Article 93

DÉFINITION
MODE DE CONCESSION

I. L'indemnité de zone (dont le taux est le même pour tous les grades dans la même résidence et varie seulement selon la région ou la localité envisagée), est une allocation destinée à dédommager au cours de leur présence effective outre-mer, les fonctionnaires, employés ou agents entretenus sur les budgets généraux, locaux ou spéciaux des colonies ou pays de protectorat soit des risques climatérique spéciaux à certaines régions ou localités, soit des dépenses supplémentaires occasionnés par l'augmentation momentanée du prix des denrées ou des loyers par suite de rassemblements extraordinaires sur un même point ou de la cherté exceptionnelle des vivres dans certaines régions insuffisamment pourvues de ressources (v. art. 136 et 137).

II. L'indemnité de zone peut être réduite dans une certaine proportion lorsque le fonctionnaire reçoit le logement gratuit ou les vivres en nature. Elle peut même être retenue entièrement si l'intéressé est logé et nourri gratuitement.

Elle est acquise seulement pour les journées de présence effective dans la localité ou région donnant droit à l'allocation.

Elle n'est pas dûe pendant la durée du séjour à l'hôpital, à moins que la famille du fonctionnaire n'habite avec lui dans la colonie.

Elle est payée à terme échu dans les mêmes conditions que le traitement proprement dit. Elle n'est pas réductible en même temps que celui-ci, mais elle cesse d'être allouée quand le fonctionnaire n'a droit à aucun traitement.

III. Les gouverneurs généraux, gouverneurs et chefs de colonie déterminent par arrêtés rendus en conseil sous la forme d'une règlementation générale applicable à l'ensemble du personnel intéressé les modes et conditions de concession de cette allocation.

La quotité en est fixée pour une année au maximum (sans préjudice des modifications qu'elle pourrait subir durant cette période) après avis d'une commission locale comprenant des représentants du personnel. Les arrêtés visés au début du présent paragraphe règlementent cette représentation et fixent la composition de la commission locale précitée.

IV. Dans le cas où, à l'expiration de la période visée au paragraphe précédent, l'indemnité ne serait pas renouvelée, elle prend fin de plein droit.

V. Un autre arrêté peut seul en autoriser le maintien ou la modification sous les mêmes réserves.

VII. Les dispositions des paragraphes précédents du présent article ne sont pas applicables aux fonctionnaires, employés et agents entretenus sur le budget de l'Etat.

§ 5. *Indemnité de départ colonial*

Article 94

INDEMNITÉ DE DÉPART COLONIAL. MODE DE CONCESSION

I. L'indemnité de départ colonial a pour objet de dédommager les fonctionnaires, employés ou agents envoyés de France dans nos possessions outre-mer ou de l'une de ces possessions dans une autre, des frais supplémentaires occasionnés par ce départ (v. art. 136, 144) (1).

(1) Brusque résiliation de bail ou de loyer, vente ou mise en dépôt de mobilier, achat d'un matériel spécial, etc.

II. Les intéressés ont droit à cette allocation :

a. Lorsqu'ils reçoivent une première destination coloniale, suivie d'effet ;

b. Lorsque, étant présents effectivement à leur poste, dans une colonie, ils reçoivent un changement de destination suivi d'effet pour une autre colonie (1).

L'indemnité de départ colonial ne peut être réclamée plus d'un mois avant l'embarquement des ayants droit pour leur nouveau poste.

III. L'indemnité de départ colonial n'est allouée ni aux fonctionnaires qui jouissaient au moment de leur nouvelle désignation du logement en nature ou de l'indemnité représentative, ni à ceux qui reçoivent des frais de premier établissement.

IV. L'indemnité de départ colonial est égale à un mois de solde d'Europe, dégagée de tous accessoires.

V. Lorsque la désignation coloniale n'aura pas été suivie d'effet, la reprise de l'indemnité de départ colonial sera poursuivie contre le bénéficiaire, à moins qu'il ne justifie avoir effectué les dépenses pour lesquelles cette allocation est attribuée.

Dans ce dernier cas, l'indemnité demeurera acquise dans la limite du montant desdites dépenses (v. art. 147, § II).

§ 6. *Indemnité spéciale de changement de résidence au personnel de l'Administration centrale appelé à servir dans les ports de France*

Article 95

DÉFINITION
MODE DE CONCESSION

I. Les fonctionnaires de l'Administration centrale détachés dans l'un des services coloniaux des ports de commerce de la métropole ont droit à une indemnité fixe spéciale destinée à les dédommager dans une certaine mesure des dépenses particulières qu'entraîne pour eux un changement de résidence auquel ils n'étaient pas astreints par leur service normal (v. art. 136).

(1) Chacun des Gouvernements généraux est considéré comme constituant une même colonie.

II. Cette allocation est égale à un mois de traitement brut sans accessoires pour le personnel destiné au Havre. Elle est augmentée d'un cinquième pour les fonctionnaires allant servir à Nantes, d'un quart pour ceux appelés à Bordeaux et d'un tiers pour ceux envoyés à Marseille.

III. Le montant de l'indemnité allouée au fonctionnaire de l'Administration centrale affecté d'un port à un autre est fixée comme suit :

Du Havre à Nantes et *vice versa*....	1 mois 1/5 de solde brute
Du Havre à Bordeaux et *vice versa* .	1 mois 1/4 de solde brute
Du Havre à Marseille et *vice versa* ..	1 mois 2/3 de solde brute
De Nantes à Bordeaux et *vice versa* .	1 mois 1/5 de solde brute
De Nantes à Marseille et *vice versa*..	1 mois 1/2 de solde brute
De Bordeaux à Marseille et *vice versa* .	1 mois 1/4 de solde brute

IV. L'indemnité prévue au présent article est indépendante des frais de déplacement réglementaires prévus pour le transport de l'intéressé par les dispositions en vigueur.

V. Elle n'est pas allouée aux fonctionnaires chargés simplement de remplir un intérim.

§ 7. *Indemnité de responsabilité*

Article 96

Abrogé

§ 8. *Indemnité pour frais de bureau*

Abrogé

§ 9. *Indemnité pour perte d'effets*

Abrogé

§ 10. *Frais de premier établissement des Gouverneurs généraux et Gouverneurs*

Article 104

FRAIS DE PREMIER ÉTABLISSEMENT

Il est accordé aux chefs de colonie, à titre de premier établissement, une indemnité dont la quotité est déterminée par le tableau suivant (v. art. 136) :

Gouverneurs généraux	Indochine	8.000 francs
	Afrique occidentale française	8.000
	Magadascar	8.000
	Afrique équatoriale française	8.000
Gouverneurs et Commissaires de la République	Martinique	5.000
	Guadeloupe	5.000
	Réunion	5.000
	Nouvelle-Calédonie	4.000
	Guyane	4.000
	Inde	4.000
	Tahiti	4.000
	Côte des Somalis	3.000
	Cochinchine	3.000
	Togo	4.000
	Saint-Pierre et Miquelon	4.000
	Cameroun	6.000
Résidents supérieurs	Tonkin	3.000
	Annam	3.000
	Cambodge	3.000
	Laos	3.000
Secrétaire général du Gouvernement général en Indochine		3.000
Lieutenants-gouverneurs	Sénégal	4.000
	Soudan	4.000
	Guinée	4.000
	Côte d'Ivoire	4.000
	Dahomey	4.000
	Gabon	4.000
	Moyen-Congo	4.000

Lieutenants-gouverneurs	Oubanghi-Chari	4.000
	Haute Volta	4.000
	Tchad	4.000
	Mauritanie	4.000
	Niger	4.000

Fonctionnaire chargé de l'Administration de Mayotte et des Comores.. 4.000

ARTICLE 105

CHEF DE COLONIE APPELÉ A UN AUTRE GOUVERNEMENT

I. Lorsqu'un chef de colonie sera appelé à un autre gouvernement, il recevra, si les frais de premier établissement afférents à son nouveau poste sont supérieurs, une somme équivalente à la différence entre ces deux allocations.

II. Si les deux allocations sont égales, ou si la seconde est moins élevée que la première, le fonctionnaire qui aura été nommé à un nouvel emploi dans une autre colonie recevra une indemnité représentant, dans les deux cas, le cinquième des frais de premier établissement attachés à son nouvel emploi.

ARTICLE 106

CHEFS DE COLONIE NE PRENANT PAS POSSESSION DE LEUR POSTE OU L'OCCUPANT MOINS D'UNE ANNÉE

Lorsque, pour une cause quelconque dépendant de leur volonté, les fonctionnaires nommés chefs de colonie ne prendront pas possession de leur poste ou ne l'occuperont que pendant une période de temps inférieure à une année, ils devront reverser la moitié de l'indemnité de premier établissement qui leur aura été allouée.

ARTICLE 107

LES FRAIS DE PREMIER ÉTABLISSEMENT NE SONT ALLOUÉS INTÉGRALEMENT QU'UNE FOIS

Dans aucun cas, les frais de premier établissement ne pourront être alloués intégralement plus d'une fois au même fonctionnaire.

§ 11. *Indemnité de représentation et de tournées*

Article 108

INDEMNITÉS DE REPRÉSENTATION

I. Il est alloué aux chefs de colonie et de protectorats, afin de les dédommager des dépenses somptuaires spéciales que leur impose leur situation, une indemnité pour frais de représentation dont la quotité est déterminée par le tarif ci-après (v. art. 136) :

Gouverneurs généraux	Indochine	24.000	piastres
	Madagascar	80.000	francs
	Afrique occidentale française	100.000	
	Afrique équatoriale française	70.000	
Secrétaires généraux des gouvernements généraux	Afrique occidentale française	40.000	
	Madagascar et dépendances	40.000	
	Afrique équatoriale française	35.000	
	Indochine	12.000	piastres
Gouverneurs	Cochinchine	10.000	piastres
	Martinique	40.000	francs
	Réunion	40.000	
	Guadeloupe	40.000	
	Nouvelle-Calédonie	40.000	
	Guyane	40.000	
	Inde	24.000	
	Etablis. français de l'Océanie	30.000	
	Côte des Somalis	30.000	
	Saint-Pierre et Miquelon	36.000	
Commissaires de la République	Togo	35.000	
	Cameroun	35.000	
Lieutenants-gouverneurs	Sénégal	35.000	
	Soudan	40.000	
	Guinée française	35.000	
	Côte d'Ivoire	35.000	
	Dahomey	35.000	
	Haute Volta	30.000	
	Niger	30.000	
	Mauritanie	30.000	

Lieutenants-gouverneurs	Gabon	35.000
	Moyen-Congo	35.000
	Oubanghi-Chari	30.000
	Tchad	30.000

Administrateur supérieur de l'Archipel des Comores 12.000
Administrateur de la circonscription de Dakar 30.000

Résidents supérieurs	Tonkin	8.000 piastres
	Annam	8.000
	Cambodge	8.000
	Laos	8.000

II. Cette allocation est due au fonctionnaire qui occupe effectivement le poste soit comme titulaire, soit comme intérimaire. Elle n'est acquise que pour la période de présence effective audit poste (v. art. 9 et 137).

III. Des indemnités pour frais de représentation peuvent être attribuées à certains fonctionnaires lorsque ceux-ci sont astreints, du fait de leurs fonctions, à des dépenses particulières d'une certaine importance (v. art. 9 et 136).

Lorsque les frais de représentation attribués à des fonctionnaires autres que des chefs de colonie et de protectorat n'auront pas été fixés par décret, ils seront déterminés par des arrêtés des gouverneurs généraux et gouverneurs soumis préalablement à l'approbation du Ministre.

Les dispositions du paragraphe II sont applicables auxdites indemnités.

IV. Aucun fonctionnaire ne peut cumuler plusieurs indemnités pour frais de représentation.

Article 109

INDEMNITÉS DE TOURNÉES

I. Le gouverneur général de l'Afrique occidentale française, reçoit un abonnement pour frais de déplacement et de tournées dans l'intérieur de son gouvernement général fixé à 60.000 francs par an, celui de l'Afrique équatoriale française à 50.000 francs, celui de Magadascar à 40.000 francs. Le Commissaire de la République française au Cameroun et au Togo reçoit un abonnement de 10.000 francs. Cette allocation est payable dans les mêmes conditions et suivant les mêmes règles que l'indemnité pour frais de représentation.

II. Les Lieutenants-Gouverneurs des diverses dépendances des gouvernements généraux de l'Afrique occidentale française et de l'Afrique équatoriale française reçoivent comme frais d'indemnités de tournées une indemnité forfaitaire de 10.000 francs par an exclusive de toute indemnité journalière, même quand ils sortent de leur territoire, pour se rendre dans une colonie voisine ou au chef-lieu du gouvernement général.

Tous les autres chefs de colonies, à l'exception des gouverneur général, résidents supérieurs de l'Indochine et lieutenant-gouverneur de la Cochinchine (dont l'indemnité pour les frais de représentation comprend les frais de déplacement), reçoivent, lorsqu'ils se déplacent dans l'intérieur de leur circonscription, une indemnité journalière de 80 francs par jour jusqu'à concurrence d'un maximum de 4.000 francs par an.

III. Les hauts fonctionnaires visés ci-dessus peuvent prétendre, en outre, au remboursement sur mémoire des dépenses de transport ou portage lorsque ce transport ou ce portage n'est pas effectuée gratuitement Quand le voyage comporte un parcours en paquebot ou en chemin de fer, le mémoire ne comprend pour la durée du trajet ainsi accompli, que le prix de la réquisition ou du billet.

IV. L'indemnité journalière prévue au paragraphe II est payée dans la même forme et avec les mêmes justifications que l'indemnité de séjour ordinaire, les indemnités forfaitaires fixées au même paragraphe étant mandatées dans les mêmes conditions et suivant les mêmes règles que l'indemnité pour frais de représentation.

V. Les allocations prévues au présent article sont exclusives des indemnités ordinaires de déplacement

Il en est de même des indemnités pour frais de représentation des gouverneur général, résidents supérieurs de l'Indochine et lieutenant-gouverneur de la Cochinchine (v. art. 136).

§ 12. *Indemnité représentative de chauffage et d'éclairage*

ARTICLE 110

Abrogé

TITRE III

PRIVATION DE SOLDE, RETENUES, DÉLÉGATIONS

CHAPITRE V

PRIVATION DE SOLDE

ARTICLE 111

ABSENCE IRRÉGULIÈRE

Le fonctionnaire, employé ou agent qui s'absente de son poste sans autorisation régulière ne reçoit aucune solde pour le temps de son absence (v. art. 136).

ARTICLE 112

FONCTIONNAIRE ARRIVANT APRES LES DÉLAIS FIXÉS PAR SA FEUILLE DE ROUTE

I. Le fonctionnaire, employé ou agent qui, se rendant à son poste avec ou sans frais de route, n'a pas rejoint dans les délais fixés par sa feuille de route ou son ordre de service, n'a droit, sauf le cas d'empêchement légitime et dûment constaté, à aucune solde pour tout le temps qui s'est écoulé depuis l'expiration de ses délais de route (v. art. 136).

II. La même disposition est applicable aux fonctionnaires, employés ou agents en mission qui dépassent le temps fixé pour la durée de leur mission (v. art. 136).

ARTICLE 113

RETENUE EN CAS DE SUSPENSION PAR MESURE DISCIPLINAIRE

I. Les fonctionnaires, employés et agents du Service colonial et ceux des Services métropolitains détachés aux Colonies, suspendus provisoirement de leurs fonctions en prévision d'une mesure disciplinaire éventuelle, conservent momentanément le traitement dont ils jouissaient à l'époque de leur suspension (1).

II. La durée de cette suspension provisoire ne peut être supérieure à six mois. Elle est prononcée par les Gouverneurs généraux et Gouverneurs, sur la proposition motivée du chef de service compétent, pour le personnel présent aux colonies, et par le Ministre pour le personnel présent en France.

III. L'autorité qui a prononcé la suspension provisoire est tenue de faire toute diligence en vue de l'intervention de la décision définitive qui doit être prise dans la forme prévue par les règlements organiques du corps auquel appartient l'agent intéressé.

IV. Si cette décision comporte une retenue de solde, le prélèvement ne peut être supérieur à la moitié du traitement brut qui est attribué à l'intéressé à titre de solde proprement dite d'après sa position administrative, ni affecter une période supérieure à six mois (v. art. 89 *bis*, § VIII).

Article 114

AUTRES CAS ENTRAINANT PRIVATION DE SOLDE

Les dispositions de l'article 113 ne dérogent en rien à celles qui sont prévues par les cas d'exception spécifiés aux articles 27, 78, 81, et 115 du présent décret.

Article 115

LA PRIVATION DE SOLDE ENTRAINE LA PRIVATION DES ACCESSOITES DE SOLDE

Le fonctionnaire ou agent suspendu de ses fonctions par application des dispositions de l'article 113 ci-dessus est, en ce qui concerne la retenue des accessoires de solde, à l'exception du supplément colonial, assimilé au fonctionnaire ou agent absent de son poste. Quant au supplément colonial, il est réduit dans dans la même proportion que la solde.

(1) Circulaires du 25 février 1909.

CHAPITRE VI

RETENUES SUR LA SOLDE

SECTION PREMIÈRE. — RETENUES AU PROFIT DE L'ÉTAT OU DE BUDGETS SPÉCIAUX

§ 1er. *Retenues pour le service des pensions*

ARTICLE 116

RETENUES POUR LE SERVICE DES PENSIONS MILITAIRES

I. Les officiers détachés dans les services coloniaux ou locaux, ainsi que les fonctionnaires soumis au régime de la loi du 14 avril 1924, supportent une retenue de 6 p. 100 sur le montant des allocations qui leur sont attribuées à titre de solde et accessoires.

Les allocations considérées comme solde ou accessoires sont les suivantes :

Solde de présence (à la mer, à terre, aux colonies) ;

Solde d'absence (en permission, en congé, en détention ou en captivité) ;

Solde de disponibilité ;

Compléments de solde (à la mer, à terre, aux colonies) ;

Suppléments de solde pour ancienneté de grade ou d'emploi.

RETENUES POUR LE SERVICE DES PENSIONS CIVILES

II. Les fonctionnaires, employés et agents pouvant prétendre à pension par application de la loi du 14 avril 1924 ou du règlement sur la caisse intercoloniale, supportent une retenue de 6 p. 100 sur les sommes payées à titre de traitement fixe ou éventuel, de soldes et accessoires de solde, de remises proportionnelles, de commissions, ou constituant un émolument personnel faisant corps avec le traitement ou la solde (loi du 14 avril 1924, art. 3).

Ils subissent, en outre, sur le pied de leur solde nette, les retenues pour cause de congés et d'absence ou par mesure disciplinaire (v. art. 32 à 34, 46, 47, 66, 111 à 114).

Par exception aux dispositions du présent paragraphe, les trésoriers-payeurs coloniaux rétribués au moyen de remises supportent lesdites prestations sur la moitié des allocations de toute nature formant l'ensemble de leurs émoluments ; les trésoriers particuliers rémunérés au moyen de remises, sur les trois quarts desdites rétributions ; les percepteurs, sur la moitié des trois quarts des mêmes émoluments (l'autre moitié formant leur supplément colonial), et les receveurs de l'enregistrement, sur les trois quarts des allocations constituant leur solde de parité d'office. Le surplus des diverses rétributions énumérées ci-dessus est considéré comme frais de service ou de bureau et ne se trouve passible d'aucune retenue.

RETENUES DU PERSONNEL PLACÉ HORS CADRES

III. Les fonctionnaires employés et agents soumis au régime des pensions de la loi du 14 avril 1924, qui sont placés en congé, dans les conditions de l'article 66 du présent décret, ou se trouvent dans la situation prévue par l'article 33 de la loi du 30 novembre 1913, supportent les retenues fixées par ce dernier article.

RETENUES POUR LE SERVICE DES PENSIONS LOCALES OU D'INSTITUTIONS ANALOGUES

IV. Les fonctionnaires, employés ou agents soumis aux régimes de caisses locales de retraites ou d'autres institutions de prévoyance analogues créées par décrets ou arrêtés locaux supportent sur leurs émoluments les retenues prescrites par les règlements organiques desdites institutions.

DISPOSITIONS COMMUNES

V. Les retenues prescrites par les paragraphes précédents s'exercent, tant sur la portion des allocations qui est payée directement au fonctionnaire ou agent, que sur celle qui peut être payée pour son compte.

VI. Les fonctionnaires, employés et agents dont les emplois ne conduisent pas à pension ne doivent subir de ce chef aucune retenue.

§ 2. *Retenue d'hôpital*

Article 117

FONCTIONNAIRES, EMPLOYÉS ADMIS DANS LES HOPITAUX

I. Les fonctionnaires, employés et agents des services coloniaux, en traitement dans les hôpitaux continuent à recevoir la solde à laquelle ils avaient droit au jour de leur entrée à l'hôpital, mais ils subissent par précompte sur la dite solde pendant la durée de leur traitement une retenue journalière dont le taux est déterminé par le tarif ci-après. Toutefois, les infirmiers ne doivent subir aucune retenue d'hôpital (v. art. 127, § III, 4e alinéa).

Dans aucune situation, sauf celle de retraite, la retenue opérée sur le traitement des fonctionnaires, employés et agents ne doit dépasser la moitié des émoluments qui leur sont concédés.

Lorsque les fonctionnaires, employés et agents en retraite sont admis dans les hôpitaux, soit en France, sur l'autorisation du Ministre, soit aux colonies, sur l'autorisation du Gouverneur, ils supportent la retenue prescrite pour le grade ou l'emploi d'après lequel ils ont été admis à la retraite, sans toutefois que la retenue puisse dépasser les 9/10 de la somme qu'ils reçoivent à ce titre ni excéder le prix de remboursement de la journée d'hôpital prévue pour la catégorie à laquelle ils appartiennent.

II. Cette retenue est exercée pour chaque journée passée effectivement à l'hôpital, depuis le jour de l'admission jusqu'à celui de la sortie exclusivement (v. art. 127, § III, 4e alinéa).

III. Le fonctionnaire, employé ou agent qui ne rejoint pas son poste immédiatement après sa sortie de l'hôpital n'a droit à aucun rappel pour le temps qui s'est écoulé depuis sa sortie de l'hôpital jusqu'au jour de sa rentrée à son poste, si, pendant cet intervalle, il n'est pas dans une position régulière de permission ou de congé.

Tableau indiquant le Montant des Retenues

PERSONNEL AYANT UN TRAITEMENT D'EUROPE	MONTANT DE LA RETENUE en France	MONTANT DE LA RETENUE aux colonies	OBSERVATIONS
	fr. c.	fr. c.	
Au-dessus de 40.000 francs ..	16 »	24 »	Pour l'application du tarif ci-contre, le personnel hospitalisé en France est classé dans la catégorie correspondant à la solde qu'il reçoit effectivement.
De 30.000 à 39.999 francs ...	14 50	22 »	
De 25.000 à 29.999 francs ...	13 50	20 »	
De 20.000 à 24.999 francs ...	12 50	19 »	
De 15.500 à 19.999 francs ...	11 »	17 »	
De 12.000 à 16.499 francs ...	9 »	14 »	
De 9.000 à 11.499 francs	8 50	13 »	
De 8.000 à 8.999 francs	8 »	12 »	
De 6.000 à 7.999 francs	6 50	10 »	
De 3.600 à 5.999 francs	5 »	8 »	
De 2.800 à 3.599 francs	4 »	6 »	
Surveillant principal	1 75	2 50	
Surveillant chef de 1re classe .	1 25	1 50	
Surveillant chef de 2e classe ..	1 25	1 50	
Surveillant militaire de 1re cl. .	1 »	1 25	
Surveillant militaire de 2e cl. .	1 »	1 25	
Surveillant militaire de 3e cl. . des établissem^ts pénitentiaires.	1 »	1 25	

Article 118

FONCTIONNAIRE ADMIS DANS LES HOPITAUX, ÉTANT EN PERMISSION OU EN CONGÉ

I. Le fonctionnaire, employé ou agent, qui tombe malade étant en congé ou en permission avec solde, est admis dans les hôpitaux sur la présentation de son titre de permission ou de congé.

II. Le jour de l'admission et celui de la sortie sont annotés sur le congé ou la permission, par le fonctionnaire qui a délivré le billet d'entrée à l'hôpital.

ARTICLE 119

FONCTIONNAIRE ADMIS DANS LES HOPITAUX, ÉTANT SANS SOLDE

Le fonctionnaire, employé ou agent qui, n'ayant droit à aucune solde tombe malade, peut être admis dans les hôpitaux. Son entrée et sa sortie sont constatées selon le mode prescrit par l'article précédent.

S'il rejoint son poste ou se met à la disposition de l'autorité dont il relève, à sa sortie de l'hôpital, il subit sur sa solde courante la retenue fixée par l'article 117 du présent décret, pour le nombre de jours effectifs qu'il a passés à l'hôpital (v. art. 132).

Dans le cas contraire, il doit verser au Trésor public, dès sa sortie de l'hôpital, le montant de cette retenue.

§ 3. *Logement et ameublement en nature. — Retenue correspondante*

Abrogé

§ 4. *Retenues pour dettes envers l'Etat et les services locaux*

ARTICLE 127

CONSTATATION DES DETTES ENVERS L'ÉTAT OU LES SERVICES LOCAUX

I. Les fonctionnaires, employés et agents sont passibles de retenues sur leur solde en cas de dettes envers l'Etat ou les services locaux.

Ces dettes sont, quand c'est possible, constatées par une apostille au livret de solde du débiteur (v. art. 154).

En outre, elles doivent être toujours signalées en temps utiles au service qui ordonnance la solde de l'intéressé par l'envoi soit d'un avis de dette, soit d'un état des sommes dues régulièrement arrêté.

L'omission ou l'observation tardive de ces prescriptions est susceptible d'engager la responsabilité des fonctionnaires chargés de les appliquer.

Toutefois, la reprise des trop-payés que peut faire découvrir l'examen des diverses apostilles du livret de solde relatives à la situation financière du fonctionnaire, employé ou agent est effectuée dans les conditions de l'article 131 et sans attendre la production d'un avis de dette ou d'un état des sommes dues.

Dans ce dernier cas, le fonctionnaire qui opère la retenue en informe l'Administration qui tenait le débiteur au courant de sa solde et provoque, au besoin, un avis confirmatif ou rectificatif du chiffre de la dette.

II. Lorsque les intéressés contestent soit leur qualité de débiteur, soit le montant de la somme qui est mise à leur charge, il appartient au Ministre ou Gouverneur, suivant que la dette concerne l'Etat ou les services locaux, de prescrire ou de sanctionner la retenue.

III. Les retenues sont exercées mensuellement sur la solde des débiteurs.

Chaque ordonnateur ou sous-ordonnateur tient pour le personnel dont il ordonnance la solde un registre sur lequel un compte particulier des retenues à opérer est ouvert à chaque titulaire, avec l'indication des mandats ou ordres de payement sur lesquels les retenues ont été effectuées.

A la fin de chaque semestre, il est adressé au Ministre, en ce qui concerne l'Etat, et au Gouverneur pour les services locaux, un relevé détaillé des retenues effectuées pendant le semestre précédent.

Toute omission injustifiée relevée à la charge des fonctionnaires chargés d'opérer les retenues est susceptible d'engager leur responsabilité en cas d'insolvabilité ultérieure du débiteur.

Quand le remboursement de sommes payées en violation des règlements sur la solde et les accessoires de solde ne pourra plus être effectué sur place par suite d'un changement de résidence des intéressés, l'autorité responsable des payements pourra être tenue d'effectuer ce remboursement de ses propres deniers. Elle sera dès lors subrogé à l'Etat ou au service local créancier dans l'exercice de ses droits contre le débiteur (v. art. 131).

Section II. — retenues au profit des particuliers

§ 1er. *Retenues pour aliments*

Article 128

RETENUE POUR ALIMENTS

I. Le Ministre des Colonies peut, après enquête et en vertu d'une décision de justice, prescrire sur la solde des fonctionnaires, employés ou agents, une retenue d'office pour aliments, dans les cas déterminés par les articles 203, 205, 206, 207, 214 et 349 du Code civil.

Les Gouverneurs possèdent le même pouvoir en ce qui concerne les agents placés sous leur autorité, sans toutefois qu'il puisse y avoir confusion entre les deux décisons (v. art. 159).

II. Cette retenue est indépendante de toute autre que le fonctionnaire ou agent peut déjà subir pour quelque cause que ce soit.

Elle est opérée par déduction sur les mandats de solde ou ordres de payement dans la forme prévue pour les délégations d'office.

III. En cas de décès de la personne secourue, sa succession a droit aux sommes qui n'ont pas été retenues sur la solde du fonctionnaire, employé ou agent, jusqu'au jour inclus du décès de cette personne.

§ 2. *Retenues pour dettes en vertu d'oppositions ou de saisies-arrêts*

Article 129

RETENUES POUR DETTES

Les retenues pour dettes contractées par les fonctionnaires, employés ou agents ont lieu en vertu d'oppositions juridiques ou saisies-arrêts. Elles sont opérées par les agents des finances par précompte sur les mandats de solde ou ordres de payement.

Article 130

SAISIES-ARRÊTS ET OPPOSITIONS

I. Les saisies-arrêts ou oppositions sur la solde des fonctionnaires, employés ou agents doivent être faites entre les mains des payeurs, agents ou préposés, sur la caisse desquels les ordonnances ou mandats de payement sont délivrés (1).

II. Néanmoins, à Paris, et pour tous les payements à effectuer à la caisse du caissier payeur central du Trésor public, elles doivent être exclusivement faites entre les mains du conservateur des oppositions du Ministère des finances.

Pour les fonctionnaires, employés ou agents provenant des colonies et payés en France par le chef du Service colonial d'un port de commerce, elles doivent être faites entre les mains du trésorier-payeur général du département où est situé le port.

III. Par exception aux dispositions qui précèdent, les saisies-arrêts sur les salaires et les appointements ou traitements ne dépassant pas annuellement 6.000 francs, ne pourront être pratiqués, s'il y a titre, que sur le visa du greffier de la justice de paix du domicile du débiteur saisi, et, s'il n'y a point titre, qu'en vertu de l'autorisation du juge de paix dudit domicile (2).

IV. Les sommes provenant des retenues opérées par les payeurs sont distribuées aux opposants, suivant les formes prescrites par le Code de procédure civile.

Section III. — DISPOSITIONS SPÉCIALES AUX RETENUES POUR DETTES ET POUR ALIMENTS

Article 131

QUOTITÉ DES RETENUES

I. Les retenues à excercer pour sommes à rembourser soit au trésor public, soit aux services locaux,

(1) Cf. loi du 12 juillet 1905, rendue applicable aux colonies par décret du 12 janvier 1907.

(2) V. lois du 12 janvier 1895, ci-dessous et du 27 juillet 1921.

soit en vertu d'oppositions ou de saisies-arrêts, ne peuvent, sauf les exceptions prévues ci-après, excéder le cinquième ou le dixième de la solde brute du personnel militaire, suivant que le montant net de son traitement est supérieur à 6.000 francs ou ne dépasse pas ce chiffre.

Le Ministre ou le Gouverneur, suivant qu'il s'agit de dettes envers l'Etat ou envers les services locaux, peut, par décision spéciale, modifier la quotité sus-indiquée des retenues à effectuer.

II. Les traitements des fonctionnaires, employés et agents civils sont saisissables dans les proportions prévues par la loi du 21 ventôse an IX, modifiée par celles des 12 janvier 1895 et 27 juillet 1921 (1).

III. Les retenues déterminées par le présent article sont indépendantes de celles que le fonctionnaire ou agent peut déjà subir pour aliments ou pour hospitalisation (v. art. 117 et 128).

IV. Le débiteur peut toujours, s'il le préfère, se libérer plus rapidement.

Article 132

MAXIMUM DU CHIFFRE TOTAL DES RETENUES AU CAS OU PLUSIEURS RETENUES DOIVENT ÊTRE EXERCÉES SIMULTANÉMENT. ORDRE DANS LEQUEL ELLES DOIVENT ÊTRE OPÉRÉES

I. Dans le cas où un fonctionnaire, employé ou agent est appelé à subir à la fois sur son traitement une retenue pour aliments, une retenue pour dettes à l'Etat et une retenue au profit de tiers, l'ensemble de ces retenues ne peut excéder :

Les deux tiers du traitement colonial, si l'intéressé reçoit ledit traitement ;

La moitié de la solde dont il jouit, s'il est en service en France, en congé, en disponibilité ou en non-activité (v. art. 29 à 87).

(1) Loi du 21 ventôse an IX. — Les traitements des fonctionnaires et employés civils sont saisissables jusqu'à concurrence du cinquième sur les premiers 1.000 francs et toutes les sommes au-dessous ; du quart, sur les 5.000 francs suivants, et du tiers, sur la portion excédant 6.000 francs, à quelque somme qu'elle s'élève, et ce jusqu'à l'entier acquittement des créances.

Loi du 12 janvier 1895. — Art. 1er. Les appointements ou traitements des employés ou commis et des fonctionnaires ne sont saisissables que jusqu'à concurrence du dixième lorsqu'ils ne dépassent pas 2.000 francs par an.

Art. 3. Les cessions et saisies faites pour le payement des dettes alimentaires prévues par les articles 203, 205, 206, 207, 214 et 349 du Code civil ne sont pas soumises aux restrictions qui précèdent.

II. Dans ces conditions, les retenues pour aliments et hospitalisation s'exercent toujours intégralement.

La retenue pour dettes à l'Etat s'exerce en deuxième ligne dans les limites fixées par l'article 131, mais jusqu'à concurrence seulement, s'il y a lieu, de la portion saisissable de la solde.

La retenue au profit de tiers ne s'exerce que si cette portion saisissable laisse encore un disponible et jusqu'à concurrence seulement de ce disponible.

Article 133

RETENUES A EXERCER POUR ALIMENTS OU EN CAS DE DETTES ENVERS L'ÉTAT SUR LA SOLDE DE RÉSERVE OU DE RÉFORME

I. Les retenues à exercer par précompte sur la solde de réserve ou de réforme, pour aliments ou pour dettes envers l'Etat, n'ont lieu qu'en vertu d'une décision du Ministre des Colonies (v. art. 127, 128).

II. Les retenues pour aliments peuvent être exercées simultanément avec les retenues pour dettes (v. art. 127, 128).

CHAPITRE VII

DÉLÉGATIONS

ARTICLES 134 et 135

CAS OU LES DÉLÉGATIONS SONT AUTORISÉES. QUOTITÉ ET DÉCLARATIONS DES DÉLÉGATIONS. DURÉE

I. Les fonctionnaires, employés et agents, présents aux colonies, ont seuls la faculté de déléguer une partie de leur solde ou de leurs appointements à leur femme, descendants (tels qu'ils sont définis à l'article 51 du décret du 3 juillet 1897) ou ascendants directs du fonctionnaire et de sa femme.

II. Ces délégations peuvent être souscrites nominativement au profit d'un tiers, mais seulement dans le cas où la délégation est destinée à l'entretien de la famille du délégant, telle qu'elle est limitativement énumérée au paragraphe précèdent.

Le degré de parenté du membre de la famille entretenu doit, dans cette circonstance, toujours être expressément indiqué.

III. Le maximum des délégations est fixé à la moitié de la solde ou du traitement de présence net, augmenté du supplément colonial, à l'exclusion de toute autre indemnité ou accessoire de solde.

Par exception aux dispositions de l'alinéa précédent, les indemnités pour charges de famille peuvent être déléguées dans leur totalité.

IV. Les fonctionnaires, employés et agents qui sont présents dans les colonies doivent, lorsqu'ils veulent, en France, souscrire des délégations, en faire la déclaration au chef du Service colonial de leur port d'embarquement. Dans les colonies, cette déclaration est remise au chef de service dont ils relèvent.

Les déclarations sont faites en double expéditions. Elles portent énonciation des noms, prénoms, grade ou emploi du fonctionnaire qui fait la délégation, du montant de la solde, du budget qui la supporte, de la portion nette déléguée ; de l'époque à compter de laquelle le paiement doit être effectué, des noms, prénoms, qualité et demeure de la personne autorisée à la recevoir et de celles qui doivent lui être substituées en cas de décès.

L'autorité administrative qui a reçu la déclaration mentionne la délégation sur le livret de solde du délégant et vise ensuite cette déclaration en y énonçant que l'existence de la délégation a été constatée sur le livret.

V. Les délégations ont leur effet pendant la durée du service aux colonies à moins d'une mention spéciale dans la déclaration de délégation.

Les délégations ne commencent à courir qu'à compter de l'époque présumée de l'arrivée des fonctionnaires et agents dans la colonie où ils sont appelés à servir.

Les dispositions relatives aux retenues pour aliments sont règlées par l'article 128 du décret du 2 mars 1910. Elles sont payées dans les conditions indiquées par le présent décret.

Les déclarations de révocation de délégation doivent être faites assez à temps pour que l'avis puisse parvenir en France au moins un mois avant l'époque où la délégation doit prendre fin du fait de cette révocation.

En cas de décès du délégataire, les arrérages de délégation non perçus par lui au moment de son décès font retour au délégant.

Toute délégation cesse d'avoir son effet à compter du jour de l'embarquement dans la colonie, pour revenir en France, ou dans la colonie d'origine du fonctionnaire qui l'a consentie.

Dans le cas où des paiements auraient été effectués à ce titre pour une période postérieure à la dite époque, la reprise en sera opérée par dérogation aux dispositions du paragraphe ci-après, sur la solde du délégant.

Les délégations sont payées par mois et à terme échu dans les mêmes conditions que la solde. Elles ne font l'objet d'aucune retenue pour le service des pensions.

Ces paiements ont lieu à titre d'avance, et le montant en est prélevé par les soins des administrations coloniales sur le décompte de la solde mensuelle du délégant, lequel continue seul à supporter, le cas échéant, l'intégralité de la retenue pour le service des pensions.

Avis du paiement des délégations est donné par états mensuels au chef de la colonie où se trouve le fonctionnaire délégant, afin de permettre à l'administration locale de s'assurer si le montant des prélèvements opérés concorde avec celui des avances faites.

Le recouvrement des sommes payées en trop à titre de délégation par suite de décès, de radiation des cadres du délégant ou de changements survenus dans sa situation administrative est poursuivi par l'administration locale intéressé, contre le délégataire.

TITRE IV

RÈGLES RELATIVES A LA CONSTATATION DES DROITS A L'ORDONNANCEMENT ET AU PAYEMENT

Disposition générale

ARTICLE 136

NÉCESSITÉ DE LA CONSTATATION PRÉALABLE DE L'EXÉCUTION DU SERVICE DONNANT DROIT A RÉMUNÉRATION

Aucune solde, aucun accessoire ou indemnité ne peuvent être attribués que pour l'objet auquel les rémunérations sont régulièrement destinées. Elles sont ordonnancées et payées seulement après constatation de l'exécution du service.

En conséquence, les fonctionnaires, employés et agents ne peuvent prétendre au payement des allocations comprises au présent décret s'ils ne se trouvent pas dans une des positions limitativement prévues audit acte (v. art. 1er, § II).

CHAPITRE VIII

MODE DE DÉCOMPTER LA SOLDE ET SES ACCESSOIRES

ARTICLE 137

MODE DE DÉCOMPTER LA SOLDE ET LES ACCESSOIRES OU INDEMNITÉS

I. La solde, les accessoires de la solde et les indemnités, à l'exception de l'indemnité de chauffage et de frais de bureau, dont le mode de décompte est déterminé par les articles 142 et 143, des indemnités de départ colonial, de changement de résidence, pour perte d'effets et frais de premier établissement qui sont payées en une seule fois, ainsi que l'indemnité journalière de mission aux colonies des fonctionnaires du corps de l'inspection qui est calculée par journée effective de présence, se décomptent par mois, à raison de la douzième partie de la fixation annuelle et par jour, à raison de la trentième partie de la fixation mensuelle.

II. Les journées à ajouter au mois de février, pour compléter le nombre de trente, se décomptent sur le pied fixé pour la position dans laquelle se trouve le fonctionnaire, employé ou agent, au dernier dudit mois (1).

(1) La solde se paye le dernier jour du mois, circulaire ministérielle du 15 décembre 1896, mais elle se paye dès le 30 pour les mois de 31 jours, lorsque le dernier jour du mois et le premier du mois suivant sont fériés (circulaire de la Comptabilité publique du 25 octobre 1909).

CHAPITRE IX

ÉPOQUES DES PAYEMENTS

ARTICLE 138

PAYEMENT DE LA SOLDE DE PRÉSENCE ET DES ACCESSOIRES

I. La solde des fonctionnaires, employés et agents présents à leur poste se paye par mois et à terme échu (v. art. 12 à 22).

Toutefois, les fonctionnaires, employés et agents qui changent de destination dans le courant d'un mois peuvent être payés du traitement qu'ils ont acquis jusqu'au jour de leur départ. Ceux qui partent en permission ou en congé sont payés de leur traitement d'activité jusqu'au jour où ils entrent en jouissance de leur permission ou de leur congé.

II. Les suppléments de solde, les indemnités de représentation et de logement, les frais de bureau, les frais de tournée et les autres accessoires de la solde inhérents aux positions respectives des fonctionnaires en activité de service sont également payés dans les mêmes conditions et compris sur les mêmes mandats ou états de payement que la solde, sous les réserves prévues aux articles 142 et 143 ci-après.

III. Tout payement d'avances est formellement interdit, hors les cas déterminés par les articles 144 à 151 ci-après.

ARTICLE 139

PAYEMENT DE LA SOLDE DES FONCTIONNAIRES EN CONGÉ OU EN TRAITEMENT DANS LES HOPITAUX

I. Les fonctionnaires, employés et agents en congé ont la faculté de recevoir leur solde à l'expiration de chaque mois.

II. Les fonctionnaires, employés et agents, en traitement dans les hôpitaux, peuvent, sur leur demande, recevoir mensuellement la solde à laquelle ils ont droit (v. art. 117, 119).

III. Le Ministre des colonies autorise également le payement de la solde des fonctionnaires employés admis dans les asiles d'aliénés, ou qui, par suite de leur état de maladie, n'auraient pas pu formuler de demande (1).

Article 140

PAYEMENTS AUX FONCTIONNAIRES RENTRANT DE CAPTIVITÉ

I. La solde de captivité des fonctionnaires, employés et agents, prisonniers de guerre, peut, sous déduction des acomptes payés à titre de délégation, être payée, pendant la durée de la captivité, à leur mandataire, après constatation de leur existence par les commissaires près les puissances belligérantes, investis de pouvoirs à cet effet (v. art. 83, 150, 156).

II. Les fonctionnaires, employés et agents qui sont restés au moins deux mois au pouvoir de l'ennemi reçoivent, à leur rentrée sur le territoire français, un acompte de deux mois de la solde de captivité, s'ils déclarent par écrit et sur l'honneur qu'il ne leur a été fait aucun paye ment pendant la durée de leur captivité, soit à eux-mêmes, soit à leur mandataire. Dans le cas contraire, l'acompte à payer à leur rentrée est fixé à un mois de solde de captivité. Ce payement est constaté sur la feuille de route ou le livret dont ils sont porteurs (v. art. 154, 156).

III. A leur arrivée à destination, ils sont rappelés de cette solde pour tout le temps de leur captivité, déduction faite de l'acompte qui leur a été payé.

IV. Ceux qui sont restés moins de deux mois au pouvoir de l'ennemi reçoivent, à leur rentrée, le payement de ce qui leur est dû pour la durée de leur captivité, déduction faite des acomptes qu'ils déclarent avoir reçus ou fait payer à leur mandataire pendant la durée de leur captivité.

Article 141

PAYEMENT DE LA SOLDE DE DISPONIBILITÉ,

I. La solde de disponibilité, est payée par mois et à terme échu.

II. Les arrérages en sont payés à partir du jour où le fonctionnaire a cessé d'avoir droit à la solde d'activité.

(1) Le payement de la solde des fonctionnaires, etc., admis dans les asiles d'aliénés est effectué conformément aux dispositions des articles 31 à 33 de la loi du 30 juin 1838.

ARTICLE 142

MODE DE PAYEMENT DE L'INDEMNITÉ POUR FRAIS DE BUREAU

I. Les indemnités pour frais de bureau se décomptent comme la solde et s'acquittent à terme échu, soit par mois, soit par trimestre, suivant les convenances du service (v. art. 98 à 102).

II. Le payement des indemnités allouées aux chefs d'administration et de service et des sommes réparties par eux, conformément à l'article 99, a lieu sur l'acquit de chacune des parties prenantes.

ARTICLE 143

MODE DE PAYEMENT DE L'INDEMNITÉ DE CHAUFFAGE ET D'ÉCLAIRAGE

I. En France, le payement de l'indemnité de chauffage et d'éclairage est fait à terme échu et par dix-huitième, savoir :

2/18 pour chaque mois, du 1er octobre au 31 mars ;

1/18 pour chaque mois, du 1er avril au 30 septembre.

II. Aux colonies, la même indemnité est payée mensuellement.

III. L'indemnité est payée au fonctionnaire titulaire ; s'il s'absente en vertu d'une autorisation régulière, il conserve ses droits à l'indemnité de chauffage et d'éclairage pendant tout le temps de son absence, à charge par lui de pourvoir aux dépenses auxquelles cette allocation doit faire face.

IV. En cas de vacance d'emploi, l'indemnité est due à l'intérimaire (v. art. 110).

CHAPITRE X

AVANCES DE SOLDE (1)

ARTICLE 144

AVANCES A PAYER AUX FONCTIONNAIRES ALLANT SERVIR AUX COLONIES OU PASSANT D'UNE COLONIE DANS UNE AUTRE COLONIE

I. Les fonctionnaires et agents des services coloniaux appelés à servir aux colonies, peuvent recevoir, au moment de leur départ, des avances qui, en aucun cas, ne peuvent dépasser deux mois de solde de présence.

Lorsqu'il s'agit d'un fonctionnaire ou agent marié, veuf ou divorcé ayant laissé dans la métropole les membres de sa famille, la quotité des avances pourra être portée sur sa demande à trois mois de solde de présence lorsque la traversée maritime à effectuer doit dûrer de 15 à 45 jours et quatre mois au delà de 45 jours.

II. La quotité des avances de solde à payer aux fonctionnaires et agents, passant d'une colonie dans une autre, est déterminée par le Gouverneur, à raison de la durée présumée de la traversée, suivant les règles tracées au paragraphe précèdent.

III. Les fonctionnaires, employés et agents qui, à l'expiration d'un congé passé soit en France, soit aux colonies, rejoignent la colonie d'où ils provenaient, peuvent également obtenir des avances sur demande motivée dans les cas présentant un caractère d'urgence et de nécessité.

IV. Les fonctionnaires, employés et agents qui, pendant la durée d'un séjour soit en France, soit aux colonies, reçoivent un changement de destination, ont droit aux avances prévues par le paragraphe I.

(1) Voir circulaire du 24 octobre 1904 (*B. O. C.*, p. 1053).

Article 145

Lorsqu'une retenue d'office pour aliments doit être exercée sur la solde d'un fonctionnaire, employé ou agent, le montant de cette retenue est prélevé sur le chiffre des avances de solde mentionné à l'article 144 (v. art. 128, 132, 133).

Article 146

LES FONCTIONNAIRES PEUVENT, EN COURS DE VOYAGE SE FAIRE PAYER LA SOLDE ACQUISE

Tout fonctionnaire, employé ou agent qui n'a pas reçu d'avances de solde à son départ, ou dont les avances se trouvent complètement acquises, peut, s'il en fait la demande, se faire payer de la solde qui lui reste due dans une colonie française quelconque, où relâche le bâtiment sur lequel il se trouve embarqué en cours de voyage (v. art. 154).

Article 147

REPRISE DES AVANCES DE SOLDE

La reprise des avances de solde payées aux fonctionnaires et agents débarqués aux Colonies s'effectue exclusivement par voie de précompte sur la solde de présence, et à raison du quart desdites avances, à moins de décision spéciale du Ministre, lorsque les avances de solde consenties ont porté sur deux mois de solde de présence ou moins.

Lorsque le fonctionnaire ou agent a reçu trois mois d'avances, la reprise a lieu par sixième de la solde de présence; si l'avance a été de quatre mois, la retenue est opérée par huitièmes à moins de décision spéciale du ministre.

Les intéressés ont droit, du jour de leur débarquement, au payement intégral du supplément colonial et des autres accessoires de solde ou indemnités auxquelles ils peuvent prétendre du fait de leur séjour aux colonies.

Quant à ceux qui reviennent en France ou se trouvent en permission à solde d'Europe ou en congé avant d'avoir acquitté le montant intégral desdites avances, la reprise est faite pendant cette période conformément aux dispositions des articles 131 et 132 relatifs aux dettes envers l'Etat ou les services locaux.

Pour les fonctionnaires et agents rayés des contrôles de l'activité avant d'avoir restitué l'intégralité des mêmes avances, la reprise en est effectuée par les voies de droit commun ; si une indemnité de licenciement leur est allouée, la reprise est opérée jusqu'à due concurrence sur cette indemnité.

Article 148

DÉGREVEMENTS

En cas de décès du fonctionnaire, employé ou agent, il n'est exercé, à raison des sommes dont il serait resté personnellement débiteur envers l'Etat ou les services locaux, pour avances de solde, aucun recours contre ses héritiers, ni contre la succession.

Les reprises à opérer ne peuvent porter que sur les décomptes de solde ou d'accessoires de solde dont le payement n'aurait pas encore été effectué par le Trésor public.

Article 149

AVANCES AUX PERSONNES CHARGÉES DE MISSIONS. MISSIONS SUSPENDUES OU RÉVOQUÉES

I. Il peut être fait des avances spéciales à des fonctionnaires, employés et agents, ou même à des personnes étrangères à l'administration des Colonies, qui sont chargées d'une mission soit aux Colonies ou dans les pays de protectorat français, soit à l'étranger.

II. Dans ce cas, la quotité des avances est fixée par décision du Ministre des colonies.

III. Lorsque, pour une cause quelconque dépendant de leur volonté, les chargés de mission n'effectuent pas leur voyage ou n'accomplissent pas entièrement leur mission, ils sont tenus de reverser : dans le premier cas, la totalité, et dans le second cas, les deux tiers de l'avance qu'ils ont reçue.

Toutefois, pour ces derniers, un dégrèvement partiel peut être accordé, par décision spéciale du Ministre, sur la production de pièces justificatives des dépenses effectuées.

IV. Dans les cas où la mission est suspendue ou révoquée par le Ministre, ainsi que dans le cas où elle est suspendue par force majeure, il peut être accordé aux parties intéressées ,à titre d'indemnité, un dégrèvement dont la quotité est fixée par le Ministre.

Article 150

AVANCES AUX FAMILLES DES PRISONNIERS DE GUERRE

I. Lorsque des fonctionnaires, employés et agents ont été faits prisonniers de guerre, le Ministre des Colonies peut, sur la demande de ceux-ci, autoriser les familles à recevoir les deux tiers de leur traitement de captivité.

II. Ces autorisations ne peuvent avoir d'effet que pour une année, si la demande n'a pas été renouvelée ou si elle n'a pas été accueillie lors de son renouvellement.

III. Les payements ont lieu à titre d'avances et la retenue en est opérée sur le décompte de la solde des fonctionnaires ou agents.

IV. En cas de décès d'un prisonnier de guerre, les payements effectués sont considérés comme définitifs et le trop-perçu ne donne lieu à aucune reprise.

Article 151

Abrogé

Article 152

ACOMPTE A PAYER EN CAS D'URGENCE SUR LES INDEMNITÉS POUR PERTE D'EFFETS

Dans les cas de perte d'effets subie par des agents rétribués sur le budget colonial, les gouverneurs sont autorisés à faire payer aux intéressés, si la nécessité en est reconnue, et dès que les constatations prévues aux articles 157 et 158 ont été établies, un acompte qui ne peut excéder la moitié de l'indemnité demandée.

Il en est rendu compte immédiatement au Ministre.

CHAPITRE XI

CONSTATATION DES DROITS. — MANDATEMENT

§ 1er. *Constatation des droits. — Livrets de solde*

ARTICLE 153

CONSTATATION DES DROITS DES PARTIES PRENANTES

I. Les positions des fonctionnaires, employés et agents et les droits qui en dérivent sous le rapport des allocations de solde et d'accessoires de solde sont constatés par les fonctionnaires compétents.

II. Chaque mois, aux jours fixés, les fonctionnaires, employés et agents se présentent au bureau compétent, soit pour signer un état d'émargement, soit pour retirer leur mandat individuel. En cas de départ avant la fin du mois, ils doivent se présenter au chef de ce bureau au moment de l'arrêté de leur décompte de solde.

III. Lorsqu'un fonctionnaire, employé ou agent est envoyé en mission, l'ordre dont il est porteur doit être visé, tant au moment du départ qu'à celui du retour, à l'effet de constater le temps de l'absence.

Ce visa est donné par le fonctionnaire chargé de la liquidation de la solde de l'intéressé.

ARTICLE 154

LIVRETS DE SOLDE

I. Les fonctionnaires, employés et agents doivent être pourvus de livrets destinés à constater leur situation financière chaque fois qu'ils changent de position. Ces livrets sont ouverts, suivant le cas, par l'Administration centrale ou par les fonctionnaires compétents, en France ou aux Colonies, qui doivent y mentionner la filiation, le lieu et la date de naissance, les mutations, les congés, permissions ou délais de route, les allocations de solde et d'accessoires de solde, le régime auquel les intéressés sont soumis au point de vue de la retraite, les retenues du premier douzième du traitement ou de l'augmentation, les délégations, les payements effectués à quelque titre que ce soit (solde ou frais de route) ; enfin, les dettes envers l'Etat et apostilles de toute nature (Voir art. 116, 127, 128, 134, 138 à 144).

II. Une partie spéciale du livret est réservée aux mentions ci-après constatant le situation de la famille du fonctionnaire au point de vue des droits au passage gratuit :

1° Nom, prénoms, date et lieu de naissance de chaque membre ;
2° Date et lieu de mariage ;
3° Dates et destinations des divers passages gratuits, etc.

Ces indications doivent être constamment tenues à jour.

III. Les livrets sont renouvelés lorsqu'ils sont entièrement remplis. Il est interdit d'y ajouter des feuillets supplémentaires. Les anciens livrets des fonctionnaires sont classés à leur dossier de personnel pour être ultérieurement annexés, le cas échéant, aux mémoires de propositions de pension établis en leur faveur ou à celle de leurs ayants droit ; mention de la délivrance d'un nouveau livret est faite sur l'ancien par le fonctionnaire qui opère le renouvellement.

IV. En cas de perte d'un livret, le titulaire en fait la déclaration par écrit au fonctionnaire chargé de pourvoir au payement de sa solde.

Il mentionne, en même temps, sous sa responsabilité, dans sa déclaration, la date à laquelle il a cessé d'être payé, ainsi que toutes les indications propres à faire apprécier sa situation financière et celle de sa famille en ce qui concerne les passages.

La déclaration du fonctionnaire ou autre est reproduite *in extenso*, sur le nouveau livret, par le fonctionnaire qui le délivre.

Dans le cas prévu ci-dessus, le fonctionnaire ne peut être rappelé de sa solde arriérée qu'après réception des pièces officielles établissant sa situation financière ; il ne peut prétendre, jusque-là, qu'au payement de sa solde courante, à partir du premier jour du mois dans lequel sa déclaration a été faite.

Article 155

PIECES A PRODUIRE POUR LE PAYEMENT DE LA SOLDE DE PERMISSION DE CONGÉ. FONCTIONNAIRES ORDONNATEURS

I. Les fonctionnaires, employés et agents en permission ou en congé, ne peuvent être payés de leur solde que sur la production :

1º Du livret dont ils doivent être porteurs et qui constate l'époque à laquelle ils ont cessé d'être payés ;

2º Du titre et des autres documents établissant leur position.

II. Pour obtenir le payement de leur solde, les fonctionnaires, employés et agents en permission ou en congé doivent s'adresser, en France, au chef du Service colonial du port de débarquement et, dans les colonies, aux autorités chargées de liquider leur solde de présence (1).

Article 156

PIECES A PRODUIRE PAR LES PRISONNIERS RENTRANT DE CAPTIVITÉ

I. Pour obtenir le payement auquel il a droit, le fonctionnaire, employé ou agent, rentrant de captivité, doit produire, à défaut d'un titre établissant son identité, un certificat du commissaire près la puissance chez laquelle il a été détenu, constatant son grade et le temps pendant lequel il est resté en captivité.

II. Si cette production n'a pas lieu, le payement est ajourné jusqu'à ce que les droits de l'intéressé aient été reconnus.

Article 157

JUSTIFICATION DES PERTES D'EFFETS

I. Le procès-verbal des pertes à bord des bâtiments de l'Etat et les demandes concernant les allocations d'indemnité, conformément aux classifications du tarif, sont établies dans les formes prévues par des règlements spéciaux de la Marine (2).

(1) Voir circulaire du 8 janvier 1909, relative au payement de la solde par les ports *B. O. C.*, p. 12.

(2) Art. 189 du décret du 24 septembre 1896, sur la solde de la Marine :

« 1. Les indemnités pour pertes d'effets et de matériel de table pour tous les officiers, fonctionnaires et agents autres que les officiers généraux, sont payées en vertu d'une décision du Ministre, rendue sur le vu d'un procès-verbal dressé à bord des bâtiments

II. A terre, l'indemnité pour perte d'effets est allouée, sur la demande de l'intéressé, appuyée d'un certificat de son chef de service délivré sur l'attestation de l'autorité ou des personnes témoins de l'accident ou, s'il y a lieu, après enquête et relatant les circonstances dans lesquelles la perte est survenue.

III. Les pertes éprouvées par les Gouverneurs aux colonies, et par les chefs de service en France, sont constatées par leurs rapports adressés au Ministre.

IV. A bord des navires de commerce, la perte est constatée par un procès-verbal signé par le capitaine et par les principaux de l'équipage.

V. Dans tous les cas, ces procès-verbaux sont accompagnés d'une nomenclature détaillée des effets perdus, avec indication de la valeur de chacun d'eux au jour de la perte.

Cet état est vérifié et visé par les autorités qui établissent les certificats, rapports ou procès-verbaux (v. art. 103 et 158).

Article 158

DÉLAI DANS LEQUEL ELLE DOIT ÊTRE PRODUITE

Sauf le cas d'empêchement résultant de force majeure, toute constatation de pertes pour justifier la demande d'indemnité doit être faite dans le délai d'un mois après l'événement.

ou, dans les services à terre régis comme les bâtiments, par le Conseil d'administration ou le commandant comptable et, dans les autres services à terre, par l'autorité sous les ordres de laquelle l'intéressé se trouve placé.

« 2. Ce procès-verbal relate exactement la nature et le nombre des effets et objets perdus et apprécie la valeur desdits effets ou objets au jour de la perte. Il est visé et revêtu d'un avis motivé par les autorités ci-après désignées :

« En ce qui concerne le personnel embarqué sur des bâtiments placés sous les ordres d'un officier général ou d'un capitaine de vaisseau chef de division ou faisant partie d'une station navale, par l'officier général, par le chef de division ou par le commandant de la station ou de la Marine ;

« En ce qui concerne le personnel embarqué sur des bâtiments placés sous les ordres des vices-amiraux, commandant en chef, préfets maritimes, par le préfet ;

« En ce qui concerne le personnel en service à terre, suivant le cas, par le vice-amiral, commandant en chef, préfet maritime, le chef de service dans les sous-arrondissements, ou le directeur d'un des établissements hors ports.

« 3. Les pertes éprouvées par les officiers généraux, commandant, sont constatées par leur rapport, adressé au Ministre, indiquant la nature, le nombre et la valeur des effets et objets perdus.

« 4. A bord des navires de commerce, le procès-verbal susmentionné est dressé par le capitaine et signé par lui et par les principaux de l'équipage. Ce procès-berbal est transmis au Ministre avec la demande de l'intéressé.

« 5. Sauf le cas d'empêchement résultant de force majeure, toute constatation de pertes, pour justifier la demande d'indemnité, doit être faite dans le délai d'un mois après l'événement.

§ 2. *Réclamations*

Article 159

RÉCLAMATIONS. A QUI ADRESSÉES

I. Les fonctionnaires, employés et agents qui ont des réclamations à présenter au sujet de leur solde, de leurs accessoires de solde, etc., sont tenus de s'adresser au fonctionnaire chargé de la liquidation de leur traitement.

II. Si ce fonctionnaire ne juge pas qu'il y ait lieu de satisfaire à la demande du réclamant, il doit la lui renvoyer émargée de son refus motivé ; l'intéressé peut alors recourir au fonctionnaire chargé de l'ordonnancement.

III. Les fonctionnaires, employés et agents peuvent recourir, par la voie hiérarchique, au Ministre des colonies, relativement à l'objet de leurs réclamations lorsqu'il s'agit d'une allocation imputable au budget de l'Etat. Ils joignent à leur demande formulée sur papier timbré les réponses qu'ils auront précédemment reçues, en conformité du § II du présent article.

IV. Toute réclamation doit être remise ouverte au chef direct de l'intéressé. Celui-ci en prend connaissance et la transmet sans délai à l'autorité supérieure, en y joignant, s'il le juge à propos, ses observations, et, dans tous les cas, son visa.

Les Gouverneurs aux colonies, ou les chefs du service colonial en France, suivant le cas, peuvent surseoir à transmettre la réclamation, mais il en informent l'auteur.

Si, après un délai qui ne peut excéder huit jours, celui-ci persiste dans sa première détermination, le Gouverneur ou le chef du service colonial adresse la pièce au Ministre, en y joignant ses propres observations ; il donne avis, par écrit, de cette transmission à l'auteur.

TITRE V

DISPOSITIONS D'ENSEMBLE

ARTICLE 160

DÉSIGNATION DU PERSONNEL RÉGI PAR LE PRÉSENT DÉCRET

I. Les dispositions du présent décret sont applicables à tous les officiers, fonctionnaires, employés et agents civils et militaires des services coloniaux, y compris le personnel de l'Administration centrale, celui des protectorats et les fonctionnaires ou agents détachés temporairement des administrations métropolitaines pendant toute la période où ils sont rétribués sur un budget administré par le département des colonies.

II. Les officiers, fonctionnaires, employés et agents de la Marine et de la Guerre en service dans les établissements d'outre-mer demeurent régis par les règlements spéciaux du département ministériel dont ils relèvent (1).

Toutefois, pour toutes les allocations autres que celles fixées par les tarifs annexés à ces règlements spéciaux, ils sont soumis aux dispositions du présent décret.

ARTICLE 161

Les fonctionnaires nés aux colonies et dont les parents, originaires d'Europe, sont revenus se fixer d'une façon définitive dans la métropole peuvent, pour l'application des dispositions du présent décret, être assimilés aux Européens s'ils déclarent expressément et par écrit renoncer une fois pour toutes aux privilèges que leur confère au point de vue administratif leur origine coloniale (v. art. 35).

(1) Le personnel des services municipaux reste soumis aux règles spéciales qui lui sont propres. Il ne peut prétendre à un traitement, etc., que dans les conditions indiquées par les autorité communales dont il relève, et les dépenses qu'il est susceptible d'occasionner aux budgets locaux doivent être couvertes par une provision. Cf. Arrêté interministériel (Finances et Colonies) du 6 août 1892, art. 5 (*B. O. C.*, p. 592.)

Article 162

ABROGATIONS DES DISPOSITIONS ANTÉRIEURES ET MISE EN VIGUEUR DU PRÉSENT DÉCRET

Sont et demeurent abrogées toutes les dispositions antérieures contraires au présent décret, qui sera applicable en France et aux colonies à partir du 1er juillet 1910.

Article 163

Le Ministre des colonies est chargé de l'exécution du présent décret, qui sera publié aux *Journaux officiels* de la métropole et des différentes colonies françaises et inséré au *Bulletin des Lois* ainsi qu'au *Bulletin officiel du Ministère des Colonies.*

Fait à Paris, le 2 mars 1910,

A. FALLIÈRES.

Par le Président de la République :

Le Ministre des Colonies,

Georges TROUILLOT.

ANNEXES

TARIFS

DE

SOLDE DU PERSONNEL COLONIAL

RÉGIME
DES INDEMNITÉS POUR CHARGES DE FAMILLE DU PERSONNEL COLONIAL

RAPPORT AU PRÉSIDENT DE LA RÉPUBLIQUE

Paris, le 1er décembre 1928.

Monsieur le Président,

Le régime des indemnités pour charges de famille, applicable au personnel civil entretenu sur les budgets locaux des colonies, varie présentement d'une possession à l'autre, et cette diversité qui, en pareille matière, ne se justifie par aucun argument de principe, ne peut avoir que des inconvénients.

Il m'a paru opportun d'instituer à cet égard une réglementation unique pouvant être étendue à tout notre domaine d'outre-mer.

C'est l'objet du présent décret dont les dispositions ont été conçues comme une adaptation à la situation particulière du fonctionnaire colonial, des règles présentement appliquées au fonctionnaire métropolitain.

Toutes les colonies consultées à ce sujet se sont déclarées favorables à cette réforme, à l'exception de la Guadeloupe, de la Martinique, des établissements français dans l'Inde et de la Nouvelle-Calédonie qui ont réservé leur adhésion pour des considérations d'ordre bugdétaire.

Je vous serais reconnaissant, si vous approuvez les dispositions projetées, de les consacrer de votre haute sanction.

Je vous prie d'agréer, monsieur le Président, l'hommage de mon profond respect.

Le Ministre des Colonies,
André MAGINOT.

Le Président de la République française,

Vu le décret du 2 mars 1910 portant règlement sur la solde et les allocations accessoires du personnel colonial, modifié par les décrets des 16 octobre 1914 et 11 septembre 1920 ;

Vu l'article 127 B de la loi de finances du 13 juillet 1911 ;

Vu le décret (finances) du 9 mars 1921 fixant les conditions d'attribution des indemnités pour charges de famille, modifié par le décret du 21 mai 1925 ;

Vu les différentes lois de finances ayant modifié le taux desdites indemnités, notamment l'article 187 de la loi de finances du 13 juillet 1926 ; ensemble les circulaires (finances) fixant la jurisprudence en matière d'indemnités pour charges de famille, notamment celle du 21 juillet 1925 ;

Vu le décret du 29 août 1926 portant attribution aux personnels de l'Etat d'une indemnité provisoire ;

Sur le rapport du Ministre des Colonies,

Décrète :

Article premier — A partir de la date de la publication du présent décret, les indemnités pour charges de famille attribuées aux fonctionnaires des cadres coloniaux régis par décret, rétribués sur les budgets généraux, locaux ou spéciaux des colonies, pays de protectorat et territoires sous mandat relevant du ministère des colonies, sont calculées d'après les tarifs actuels et éventuels applicables en la matière au personnel de l'Etat, conformément aux règles exposées ci-dessous.

Article 2. — Les indemnités sont concédées sans limitation de traitement, suivant le nombre des enfants dont le fonctionnaire a la charge et qui sont âgés de moins de seize ans ou incapables de travailler par suite d'infirmités.

Les enfants infirmes ou ceux qui poursuivent des études justifiées par un certificat délivré par les chefs d'établissement ouvrent droit jusqu'à l'âge de vingt et un ans, dans les mêmes conditions que les enfants âgés de moins de seize ans, aux indemnités pour charges de famille. L'attribution éventuelle auxdits enfants de bourses d'enseignement ne fait pas obstacle à la concession de l'indemnité.

Ouvrent droit à l'indemnité jusqu'à l'âge de dix-huit ans, les enfants pour lesquels il aura été passé un contrat écrit d'apprentissage.

Article 3. — Sont considérés comme étant à la charge du fonctionnaire :

1° Les enfants auxquels il doit des aliments en vertu des dispositions du Code Civil ;

2° Les orphelins effectivement recueillis par lui et dont il assure l'entretien ;

3° Les enfants que la femme du fonctionnaire non séparé de corps a eus d'un précédent mariage, sauf lorsqu'il y a eu divorce et que les enfants sont restés avec le premier mari ou lorsque le premier mari contribue à leur entretien.

Article 4. — Lorsque le mari et la femme appartiennent tous deux à des personnels administratifs pouvant prétendre aux indemnités pour charges de famille, il n'est alloué qu'une seule indemnité pour chacun des enfants et le soin du mandatement incombe au service qui emploie le mari, à charge par ce service de signaler, le cas échéant, au service qui emploie la femme la prohibition de cumul.

Article 5. — Pour la détermination du taux de l'indemnité, chaque enfant prend rang d'après son ordre de naissance, quels que soient l'âge et la condition de ses aînés. Le décès de l'un des enfants survenu postérieurement à la date du présent décret ne modifiera pas le rang de ses puînés ; cette exception cessera d'avoir son effet en cas de nouvelle survenance d'enfant.

Article 6. — Les indemnités pour charges de famille sont payables par mois et à terme échu entre les mains et sur l'acquit du chef de famille. Lorsqu'un enfant est né au cours d'un mois, l'indemnité n'est due qu'à partir du premier jour du mois suivant. Si un enfant décède au cours d'un mois, le mois entier est dû.

Article 7. — Les indemnités pour charges de famille sont rigoureusement subordonnées à la nature et à la quotité du traitement alloué au chef de famille, dont elles suivent le sort.

A. — Lorsque le fonctionnaire, ayant avec lui ses enfants, occupe une position lui permettant de prétendre à la solde de présence augmentée du supplément colonial, l'indemnité, calculée d'aprés le tarif applicable au personnel de l'Etat, est majorée d'une fraction identique à celle employée pour le calcul de ce supplément colonial.

B. — Lorsque le fonctionnaire, ayant dû laisser ses enfants en France ou dans sa colonie d'origine, occupe la position décrite au paragraphe précédent, il a droit aux mêmes allocations, et, en outre, à une majoration spéciale égale à l'indemnité principale, dégagée du supplément colonial, qui lui est acquise du chef des enfants dont il est ainsi séparé.

Cette majoration lui est allouée du jour de son débarquement dans sa colonie d'affectation au jour exclu de son embarquement pour rentrer en France, et sur sa déclaration écrite attestant qu'il n'a pu se faire accompagner desdits enfants.

Les sommes perçues à ce titre par le fonctionnaire depuis son débarquement devraient être remboursées si, à un moment quelconque de son séjour colonial, il obtenait l'autorisation de se faire rejoindre par les enfants.

C. — Lorsque le fonctionnaire occupe une position lui donnant droit seulement à la solde de présence, à l'exclusion du supplément colonial, le taux de l'indemnité est exactement celui des agents de l'Etat.

D. — L'indemnité est réduite ou supprimée dans les mêmes proportions et à compter de la date à laquelle le traitement de présence est lui-même réduit ou supprimé pour quelque cause que ce soit. Elle est toutefois maintenue intégralement en cas de réduction du traitement motivée par un congé de maladie.

ARTICLE 8. — Les dispositions du présent décret sont applicables aux fonctionnaires visés à l'article 1er entretenus sur les fonds de nos établissements outre-mer, à l'exception de ceux ressortissant aux établissements français dans l'Inde, à la Guadeloupe, à la Martinique et à la Nouvelle-Calédonie.

Des arrêtés ministériels détermineront les dates auxquelles les dispositions du présent décret pourront être étendues aux quatre colonies précitées, au fur et à mesure de l'adhésion des pouvoirs locaux compétents.

ARTICLE 9. — Sont abrogées, en ce qui concerne les fonctionnaires visés à l'article 1er, toutes dispositions contraires au présent décret, notamment celles du 16 octobre 1914 et des réglementations locales intervenues pour son exécution.

Toutefois, les dispositions actuellement en vigueur continueront à être appliquées pour les établissements français dans l'Inde, la Guadeloupe, la Martinique et la Nouvelle-Calédonie, jusqu'à la date de signature des arrêtés ministériels prévus à l'article 8, dernier paragraphe.

ARTICLE 10. — Les dispositions du présent décret ne sont pas applicables aux fonctionnaires et agents entretenus sur le budget de l'Etat. Ceux-ci sont soumis au point de vue de l'indemnité pour charges de famille, aux prescriptions de l'article 187 de la loi de finances du 13 juillet 1925, du décret (finances) du 29 août 1926, ou de tout acte les modifiant.

ARTICLE 11. — Le Ministre des Colonies est chargé de l'exécution du présent décret, qui sera publié au *Journal officiel* de la République française et inséré au *Bulletin officiel* du ministère des colonies.

Fait à Paris, le 1er décembre 1928.

Gaston DOUMERGUE.

Par le Président de la République :

Le Ministre des Colonies,

André MAGINOT.

PERSONNEL DE L'ADMINISTRATION CENTRALE

DÉSIGNATION DES FONCTIONS	TRAITEMENTS	OBSERVATIONS
	fr.	
Directeur	100.000 90.000 80.000	
Sous-directeur	60.000 55.000 50.000	
Chef de bureau de hors classe	48.000	
— — 1re classe	44.000	
— — 2e classe	40.500	
— — 3e classe	37.000	
Sous-chef de bureau de hors classe	36.000	
— — 1re classe	32.500	
— — 2e classe	29.000	
— — 3e classe	26.000	
Rédacteur principal et chiffreur principal de 1re classe	26.000	
2e classe	23.000	
3e classe	20.500	
Rédacteur et chiffreur de 1re classe	18.000	
— — 2e classe	15.500	
— — 3e classe	13.000	
— — stagiaire	13.000	
Commis principal d'ordre et de comptabilité de hors classe	17.500	Certains commis pourront parvenir au traitement de 20.000 francs.
1re classe	16.000	
2e classe	14.700	
3e classe	13.300	
Commis d'ordre et de comptabilité de :		
1re classe	11.900	
2e classe	10.500	
3e classe	9.500	
Expéditionnaires principaux de 1re classe.	14.000	
— — 2e classe.	13.300	
— — 3e classe.	12.300	
Expéditionnaires de 1re classe	11.300	
— 2e classe	10.300	
— 3e classe	9.500	
— 4e classe	8.500	

Agents spéciaux

Les agents chargés de fonctions spéciales sont assimilés pour le traitement, savoir :

A des sous-chefs de bureau : le chef du matériel, les géographes, le bibliothécaire archiviste ;

A un commis d'ordre et de comptabilité principal ou ordinaire : l'aide cartographe.

Le traitement de l'agent comptable est fixé ainsi qu'il suit : 10.500, 13.500 — 16.500 — 19.500 — 22.500 — 26.000 francs.

Agents du service intérieur

Chef surveillant :

1re classe	15.500 francs
2e classe	13.500 —
3e classe	12.500 —
4e classe	11.500 —
5e classe	10.500 —
6e classe	9.500 —
7e classe	8.500 —

Huissier du Ministre :

1re classe	11.100 francs
2e classe	10.600 —
3e classe	10.250 —
4e classe	9.900 —
5e classe	9.550 —
6e classe	9.200 —
7e classe	8.850 —
8e classe	8.500 —

Gardiens de bureau, huissiers (autres que ceux du Ministre), concierge, gardiens de bureau auxiliaires :

1re classe	10.500 francs
2e classe	10.100 —
3e classe	9.750 —
4e classe	9.400 —
5e classe	9.050 —
6e classe	8.700 —
7e classe	8.350 —
8e classe	8.000 —

Ces traitements sont exclusifs de toute gratification. Aucune indemnité ou avantage accessoire, de quelque nature que ce soit, ne peut être attribué aux fonctionnaires de l'Administration centrale que dans les limites et conditions fixées par un décret contresigné par le Ministre des Finances et publié par le *Journal officiel*.

Personnel ouvrier permanent de l'administration centrale

I. *Personnel en fonctions à la date d'application du décret du 31 juillet 1920*

Contremaître électricien et autres contremaîtres : 12.500 — 12.050 — 11.600 — 11.150 — 10.700 francs.

Ouvriers professionnels (toutes catégories) : 11.600 — 11.300 — 11.000 — 10.700 — 10.400 — 10.100 — 9.800 francs.

II. *Personnel recruté postérieurement à la date d'application du décret du 31 juillet 1920 dans les conditions fixées par le décret du 16 avril 1921*

Contremaîtres : 13.500 — 13.025 — 12.550 — 12.075 — 11.600 francs.

Ouvriers professionnels (électriciens, menuisiers, ébénistes, serruriers, jardiniers) : 11.600 — 11.300 — 11.000 — 10.700 — 10.400 — 10.100 — 9.800 francs.

Chauffeur-mécanicien : 10.700 — 10.400 — 10.100 — 9.800 — 9.500 — 9.200 — 8.900 francs.

Chauffeur-graisseur : 9.800 — 9.500 — 9.200 — 8.900 — 8.600 — 8.300 — — 8.000 francs.

Préposés au téléphone de l'administration centrale

Préposés au téléphone :

	Assurant individuellement un service ne dépassant pas 100 postes	Assurant individuellement un service de plus de 100 postes
1re classe	14.000 francs	14.500 francs
2e classe	13.100 —	13.600 —
3e classe	12.200 —	12.750 —
4e classe	11.300 —	11.900 —
5e classe	10.600 —	11.050 —
6e classe	9.900 —	10.200 —
7e classe	9.200 —	9.350 —
8e classe	8.500 —	8.500 —

STÉNO-DACTYLOGRAPHES, AUXILIAIRES PERMANENTS

1re classe	14.000 francs
2e classe	13.000 —
3e classe	12.100 —
4e classe	11.200 —
5e classe	10.300 —
6e classe	9.400 —
7e classe	8.500 —

LINGÈRE ÉCONOME — HOMME D'ÉQUIPE PERMANENT — JOURNALIER TITULARISÉ

1re classe	9.000 francs
2e classe	8.820 —
3e classe	8.640 —
4e classe	8.480 —
5e classe	8.320 —
6e classe	8.160 —
7e classe	8.000 —

FEMME ASSISTANTE DU CONSEIL SUPÉRIEUR DE SANTÉ

1re classe	10.000 francs
2e classe	9.700 —
3e classe	9.400 —
4e classe	9.100 —
5e classe	8.800 —
6e classe	8.500 —
7e classe	8.250 —
8e classe	8.000 —

PERSONNEL DE L'AGENCE GÉNÉRALE DES COLONIES

GRADES	SOLDE	OBSERVATIONS
	fr.	
I. *Personnel administratif permanent*		
Directeur	80.000	
Sous-Directeur et chef du service administratif	60.000 55.000 50.000	
Chef de bureau du service administratif	48.000 44.000 40.500 37.000	
Chef de section ou sous-chef du service administratif	36.000 32.500 29.000 26.000	
Rédacteur, secrétaire de la Direction, archiviste-bibliothécaire	26.000 23.000 20.500 18.000 15.500 13.000	
Rédacteur stagiaire	13.000	
Agent comptable	26.000 23.000 20.500 18.000 15.500 13.000 10.500	
Conservateur du musée ou Chef du service intérieur de 1re classe	17.500	
2e classe	16.100	
3e classe	14.700	
4e classe	13.300	

GRADES	SOLDE	OBSERVATIONS
	fr.	
5e classe	11.900	
6e classe	10.500	
7e classe	9.500	
Commis principal	17.500 16.100 14.700 13.300	Certains commis pourront accéder au traitement de 20.000 francs, sans que la proportion dépasse le 1/20 de l'effectif.
Commis	11.900 10.500 9.500	
Sténo-dactylographe	14.000 13.000 12.100 11.200 10.300 9.400 8.500	

II. *Personnel technique du service administratif*
(cadre permanent et cadre auxiliaire)

GRADES	SOLDE	OBSERVATIONS
Ingénieur en chef du cadre permanent	40.000 37.000 34.000	
Ingénieur principal du cadre permanent :		
Hors classe	30.000	
1re classe	28.000	
2e classe	26.000	
3e classe	24.000	
Ingénieur du cadre permanent hors classe	21.000	
1re classe	20.000	
2e classe	19.000	
3e classe	18.000	
Sous-Ingénieur principal du cadre permanent ou du cadre auxiliaire de 1re classe	24.000	
2e classe	22.300	
3e classe	20.600	
Sous-Ingénieur du cadre permanent ou du cadre auxiliaire	18.900	

GRADES	SOLDE	OBSERVATIONS
	fr.	
Conducteur du cadre permanent ou du cadre auxiliaire de 1re classe	17.100	
2e classe	15.400	
3e classe	13.700	
4e classe	12.000	
Agent réceptionnaire du cadre auxiliaire :		
1re classe	15.600	
2e classe	14.800	
3e classe	14.000	
4e classe	13.200	
5e classe	12.400	
6e classe	11.600	
7e classe	10.800	
8e classe	10.000	
Commis principal du cadre auxiliaire :		
1re classe	16.000	
2e classe	14.800	
3e classe	13.600	
4e classe	12.400	
Commis du cadre auxiliaire, 1re classe	11.200	
2e classe	10.000	
3e classe	9.000	
Agent technique principal du cadre auxiliaire :		
1re classe	13.500	
2e classe	12.500	
3e classe	11.600	
Agent technique du cadre auxiliaire :		
1re classe	10.700	
2e classe	9.800	
3e classe	8.900	
4e classe	8.000	
Sténo-dactylographe du cadre auxiliaire :		
1re classe	13.500	
2e classe	12.500	
3e classe	11.600	

GRADES	SOLDE	OBSERVATIONS
	fr.	
4e classe	10.700	
5e classe	9.800	
6e classe	8.900	
7e classe	8.000	

III. *Etudes et essais des bois coloniaux*

GRADES	SOLDE	OBSERVATIONS
Conseiller technique : hors classe	30.000	
1re classe	28.000	
2e classe	26.000	
3e classe	24.000	
Conseiller technique adjoint : hors classe	22.000	
1re classe	20.000	
2e classe	18.000	
3e classe	16.500	
Agent comptable : hors classe	14.500	
1re classe	13.400	
2e classe	12.300	
3e classe	11.200	
4e classe	10.100	
stagiaire	9.000	

IV. *Personnel du Service colonial dans les ports de commerce*

GRADES	SOLDE	OBSERVATIONS
Commis principal : 1re classe	14.000	
2e classe	13.000	
3e classe	12.100	
Commis : 1re classe	11.200	
2e classe	10.300	
3e classe	9.400	
4e classe	8.500	
Auxiliaire permanent	14.000 13.000 12.100 11.200 10.300 9.400 8.500	

GRADES	SOLDE	OBSERVATIONS
	fr.	
Commis, huissiers, gardiens de bureau, plantons	10.500 10.100 9.750 9.400 9.050 8.700 8.350 8.000	

TARIF DES ALLOCATIONS ACCESSOIRES DU PERSONNEL DE L'ADMINISTRATION CENTRALE DU MINISTÈRE DES COLONIES

DÉTACHÉ AU SERVICE COLONIAL DANS LES PORTS DU HAVRE, DE NANTES, DE BORDEAUX, ET DE MARSEILLE

INDICATION DES FONCTIONS	NATURE DES ALLOCATIONS	LE HAVRE	NANTES	BORDEAUX	MARSEILLE
		fr.	fr.	fr.	fr.
Chef du service colonial.......	Frais de représentation.	2.900	3.500	4.200	4.800
	Frais de bureaux, de chauffage et d'éclairage..	2.000	2.000	2.800	3.200
Chef des détails administratifs..	Supplément de fonctions.	800	800	1.600 (1)	1.600 (1)
Comptable gestionnaire du magasin.	Supplément de fonctions.	500	500	500	500
	Indemnité de responsabilité.......	600	600	600	600
	Frais de bureaux	400	600	600	800

(1) Soit 800 francs pour chacun des chefs de détail affectés à Bordeaux et à Marseille.

AGENTS PERMANENTS DE L'ÉCOLE COLONIALE

GRADES	SOLDE	OBSERVATIONS
	fr.	
Directeur	50.000	
Secrétaire économe : 1re classe	22.000	
2e classe	20.000	
3e classe	18.400	
4e classe	16.800	
5e classe	15.200	
6e classe	13.600	
7e classe	12.000	
Professeur bibliothécaire : 1re classe	15.600	
2e classe	13.950	
3e classe	12.300	
4e classe	10.650	
5e classe	9.000	
Commis aux écritures : 1re classe	14.500	
2e classe	13.500	
3e classe	12.750	
4e classe	12.000	
5e classe	11.250	
6e classe	10.500	
7e classe	9.750	
8e classe	9.000	
Personnel de service permanent : 1re classe	9.500	
2e classe	9.250	
3e classe	9.000	
4e classe	8.800	
5e classe	8.600	
6e classe	8.400	
7e classe	8.200	
8e classe	8.000	

PERSONNEL
DE L'INSTITUT NATIONAL D'AGRONOMIE COLONIALE

GRADES	SOLDE	OBSERVATIONS
	fr.	
Directeur : 1re classe	50.000	
2e classe	47.000	
3e classe	44.000	
Chef de travaux techniques : 1re classe	26.000	
2e classe	24.000	
3e classe	22.000	
4e classe	20.000	
5e classe	18.000	
Préparateur assistant : hors classe	18.000	
1re classe	16.000	
2e classe	14.800	
3e classe	13.600	
4e classe	12.400	
5e classe	11.200	
stagiaire	10.000	
Préparateur : 1re classe	14.500	
2e classe	13.500	
3e classe	12.600	
4e classe	11.700	
5e classe	10.800	
6e classe	9.900	
7e classe	9.000	
stagiaire	9.000	
Secrétaire archiviste : hors classe	16.000	
1re classe	14.800	
2e classe	13.600	
3e classe	12.400	
4e classe	11.200	
5e classe	10.000	
6e classe	9.000	
stagiaire	9.000	

GRADES	SOLDE	OBSERVATIONS
	fr.	
Agent comptable : hors classe	16.000	
1re classe	14.600	
2e classe	13.200	
3e classe	11.800	
4e classe	10.400	
stagiaire	9.000	
Chef jardinier : hors classe	16.000	
1re classe	14.800	
2e classe	13.600	
3e classe	12.400	
4e classe	11.200	
5e classe	10.000	
6e classe	9.000	
stagiaire	9.000	
Garçons jardiniers : 1re classe	10.700	
2e classe	10.400	
3e classe	10.150	
4e classe	9.900	
5e classe	9.650	
6e classe	9.400	
7e classe	9.150	
8e classe	8.900	
stagiaires	8.900	
Sténo-dactylographe : 1re classe	13.500	
2e classe	12.500	
3e classe	11.600	
4e classe	10.700	
5e classe	9.800	
6e classe	8.900	
7e classe	8.000	
stagiaire	8.000	
Garçon de bureau ou de laboratoire : 1re classe	10.000	
2e classe	9.700	
3e classe	9.400	
4e classe	9.100	
5e classe	8.800	
6e classe	8.500	
7e classe	8.250	
8e classe	8.000	
stagiaire	8.000	

PERSONNEL DE L'INSPECTION DES COLONIES

SOLDE ET ACCESSOIRES

DÉSIGNATION DES GRADES	SOLDE	INDEMNITÉ journalière de mission	INDEMNITÉ journalière pour charges militaires	
			Chef de famille	célibataire
	fr.	fr.	fr.	fr.
Inspecteur général :				
1re classe, 2e échelon.	75.006 38	200	14 »	7 50
1re classe, 1er échelon.	67.500 »	—	—	—
de 2e classe	50.514 89	165	—	—
Inspecteur de 1re classe	44.004 26	135	12 50	6 50
— 2e classe.	35.502 13	115	—	—
— 3e classe.				
après 4 ans ou 32 ans de service	32.400 »	105	—	—
avant 4 ans	28.608 51	—	—	—

SOLDE DE NON-ACTIVITÉ

DÉSIGNATION DES GRADES	SORTI DE L'ACTIVITÉ par suite de		INDEMNITÉ journalière pour charges militaires	
	Infirmités temporaires, licenciement de corps et suppression d'emploi	retrait ou suspension d'emploi	chef de famille	célibataire
	de.	fr.	fr.	fr.
Inspecteur général de :				
1re classe, 2e échelon.	37.494 38	30.006 38	4 75	2 50
1re classe, 1er échelon.	33.750 »	27.000 »	—	—
2e classe...........	25.260 89	20.202 89	—	—
Inspecteur de 1re classe	22.008 26	17.598 26	3 75	1 75
— 2e classe.	17.754 13	14.207 13	—	—
— 3e classe.				
après 4 ans ou 32 ans de service	16.200 »	12.960 »	—	—
avant 4 ans	14.298 51	11.435 51	—	—

SOLDE DE DISPONIBILITÉ

DÉSIGNATION DES GRADES	PENDANT les 6 premiers mois.	AU DELA de 6 mois	INDEMNITÉ journalière pour charges militaires	
			chef de famille	célibataire
	fr.	fr.		
Inspecteur général de 1re classe, 1er échelon	75.006 38	37.494.38	6 premiers mois : 9 50	6 premiers mois : 5 fr.
Inspecteur général de 1re classe, 2e échelon	67.500 »	33.750 »	après 6 m.	après 6 m.
Inspecteur général de 2e cl..	50.514 89	25.260 89	4 fr. 75	2 fr. 50

SUPPLÉMENTS SPÉCIAUX DE FONCTIONS

DÉSIGNATION DES FONCTIONS	COMPLÉMENT par an	OBSERVATIONS
	fr.	
Inspecteur général, directeur du Contrôle au Ministère, Frais de service	9.900	L'indemnité spéciale de résidence est payée dans les conditions réglementaires.
Inspecteur des colonies, Sous-Directeur	500	

RETENUES D'HOPITAL

GRADES	EN FRANCE	AUX COLONIES
Inspecteur général de 1re cl.	Au taux et dans les conditions fixées par le règlement sur le service de santé de la guerre.	24 fr.
— — de 2e cl.		22 —
Inspecteur de 1re classe		20 —
— 2e classe		19 —
— 3e classe		17 —
— adjoint		14 —

GOUVERNEMENT COLONIAL

TRAITEMENT DE CLASSE

DÉSIGNATION DES FONCTIONS	SOLDE	OBSERVATIONS
	fr.	
Gouverneur général de l'Indochine, de Madagascar, de l'A. O. F., de l'A. E. F.	120.000	En outre, et lorsqu'ils sont dans une position d'activité ne leur donnant pas droit à l'indemnité de représentation, les Gouverneurs Généraux perçoivent une allocation complémentaire non soumise à retenue dont le taux est fixé à 80.000 francs.
Gouverneur ou Résident supérieur de 1re classe......	100.000	
de 2e classe......	87.000	
de 3e classe......	68.000	

CONSEIL SUPÉRIEUR DES COLONIES

DÉSIGNATION DES FONCTIONS	INDEMNITÉ	OBSERVATIONS
	fr.	
Secrétaire général	15.000	
Secrétaire général adjoint	6.000	

ADMINISTRATEURS COLONIAUX

DÉSIGNATIONS DE FONCTIONS	SOLDE	OBSERVATIONS
	fr.	
Administrateur en chef : après 8 ans	52.000	
après 6 ans	50.000	
après 3 ans	45.000	
avant 3 ans	41.000	
Administrateur de 1re classe : après 6 ans	38.000	
après 3 ans	35.000	
avant 3 ans	32.000	
Administrateur de 2e classe : après 3 ans	29.000	
avant 3 ans	26.000	
Administrateur adjoint de 1re classe :		
après 6 ans	25.000	
après 3 ans	23.000	
avant 3 ans	21.000	
Administrateur adjoint de 2e classe :		
après 3 ans	18.000	
avant 3 ans	16.000	
Elève administrateur	13.000	

PERSONNEL DU SERVICE JUDICIAIRE

TRAITEMENTS DES MAGISTRATS COLONIAUX

CATÉGORIES D'EMPLOIS	TRAITEMENTS
	fr.
Premier Président, Président, Procureur général d'une Cour de 1re classe	54.000
Président, Procureur général d'une Cour de 2e classe	50.000
Président de Chambre, Vice-Président, avocat général d'une Cour d'appel de 1re classe	48.000
Président, Procureur d'un tribunal de 1re classe	40.000
Conseiller, substitut général d'une Cour d'appel de 1re classe ; président, procureur d'un tribunal supérieur d'appel de 1re classe	38.000
Conseiller, substitut général d'une Cour d'appel de 2e classe ; président, procureur d'un tribunal supérieur d'appel de 2e classe ; vice-président d'un tribunal de 1re clases ; président, procureur d'un tribunal de 2e classe	32.000
Juge d'instruction d'un tribunal de 1re classe	28.000
Vice-président d'un tribunal de 2e classe	25.000
Juge d'un tribunal supérieur d'appel de 1re classe ; juge, substitut d'un tribunal de 1re classe ; président, procureur d'un tribunal de 3e classe	24.000
Juge d'instruction d'un tribunal de 2e classe ; juge de paix à compétence étendue de 1re classe	22.000
Juge, substitut d'un tribunal de 2e classe ; vice-président d'un tribunal de 3e classe	19.000
Juge d'instruction d'un tribunal de 3e classe	18.000
Juge, substitut d'un tribunal de 3e classe, juge de paix à compétence étendue de 2e classe	16.000
Juge suppléant, juge de paix à compétence étendue de 3e cl.	14.000
Juge de paix à compétence ordinaire de l'Indochine	34.000
Juges de paix à compétence ordinaire des colonies et territoires autres que l'Indochine : 1re classe	19.000
2e classe	16.000
3e classe	14.000

TRAITEMENTS ET ASSIMILATIONS DES GREFFIERS DES COLONIES

EMPLOIS	TRAITEMENTS	OFFICES MÉTROPOLITAINS auxquels sont assimilés les emplois coloniaux pour le calcul de la pension de retraite
	fr.	
Greffier en chef de Cour d'appel (Indochine, Afrique Occidentale, Madagascar)	22.000	Greffier en chef de la Cour d'appel de 1re classe
Greffier en chef de Cour d'appel (Martinique, Guadeloupe, Réunion, Inde, Guyane, Nouvelle-Calédonie, Afrique Equatoriale)	20.000	Greffier en chef de Cour d'appel de 2e classe
Greffier près le Conseil d'Appel (Cameroun, Océanie)..........	20.000	Greffier d'un tribunal supérieur d'appel de 1re classe.
Greffier près d'un tribunal de 1re instance de 1re classe	19.000	Commis greffier de Cour d'appel de province
Greffier d'un tribunal de 1re instance de 2e classe; greffier de tribunal de 1re instance (Dakar, Tananarive, Tamatave, Fort-de-France, Pointe-à-Pitre, Saint Denis, Pondichéry)	17.000	Greffier d'un tribunal de 1re instance de 2e cl.
Greffier près le tribunal et le Conseil d'appel (Saint-Pierre et Miquelon, Côte des Somalis	17.000	Greffier d'un tribunal supérieur d'appel de 2e classe.
Greffier des autres tribunaux de 1re instance	16.000	Greffier d'un tribunal de 1re instance de 3e cl.
Greffier de justice de paix à compétence étendue	15.000	Commis greffier de tribunal de 3e classe.
Greffier de justice de paix	12.000	Greffier de cour d'appel de province.

PERSONNEL DES SECRÉTARIATS GÉNÉRAUX DES COLONIES

DÉSIGNATION DES FONCTIONS	SOLDE
	fr.
Chef de bureau hors classe : après 8 ans	34.000
après 6 ans	32.000
après 3 ans	30.000
avant 3 ans	28.000
Chef de bureau de 1re classe	26.000
Chef de bureau de 2e classe : après 3 ans	24.000
avant 3 ans	22.000
Sous-chef de bureau de 1re classe : après 6 ans	20.000
après 3 ans	17.000
avant 3 ans	15.000
Sous-chef de bureau de : 2e classe	13.000
stagiaire	10.000

PERSONNEL DE L'ADMINISTRATION PÉNITENTIAIRE

SOLDES ET ACCESSOIRES

DÉSIGNATION DES FONCTIONS	SOLDE	INDEMNITÉS pour frais de service	OBSERVATIONS
	fr.	fr.	
Directeur	50.000 47.000 44.000	3.000 fr. de frais de représentation	
Sous-Directeur : après 3 ans	34.500	»	
avant 3 ans	32.000	»	
Chef de bureau et commandant supérieur de pénitencier de : 1re classe	30.000	»	
2e classe	28.000	»	
3e classe	26.000	»	
4e classe	24.000	»	
Sous-chef de bureau et commandant de pénitencier : 1re classe	22.000	»	
2e classe	20.000	»	
3e classe	18.000	»	
Commis principal rédacteur : classe exceptionnelle	16.000	»	
1re classe	14.800	»	
2e classe	13.600	»	
Commis principal de 1re classe	13.600	»	
2e classe	12.400	»	
Commis de : 1re classe	11.200	»	
2e classe	10.000	»	
3e classe	9.000	»	
Conducteur principal : 1re classe	18.900	»	
2e classe	17.100	»	

DÉSIGNATION DES FONCTIONS	SOLDE	INDEMNITÉS pour frais de service	OBSERVATIONS
	fr.	fr.	
Conducteur de 1re classe ...	15.400	»	
2e classe	13.700	»	
3e classe	12.000	»	
Commis principal de 1re classe	14.500	»	
2e classe.	13.400	»	
Commis de 1re classe	12.300	»	
2e classe	11.200	»	
3e classe	10.100	»	
4e classe	9.000	»	
Interprète principal:			
hors classe	22.000	»	
1re classe	20.000	»	
2e classe	18.000	»	
3e classe	16.000	»	
Interprète de 1re classe	14.000	»	
2e classe	12.000	»	
3e classe	10.000	»	

PERSONNEL DE L'ADMINISTRATION PÉNITENTIAIRE

SURVEILLANTS

DÉSIGNATION DES FONCTIONS	SOLDE	ASSIMILATION MILITAIRE
	fr.	
Surveillant principal :		
après 8 ans de grade et 20 ans services	22.021 28	lieutenant 4e échelon
après 8 ans de grade ou après 4 ans de grade et 15 ans de services	20.068 09	lieutenant 3e échelon
après 4 ans de grade ou après 10 ans de services	18.344 68	lieutenant 2e échelon
avant 4 ans de grade	17.042 55	lieutenant 1er échelon
Surveillant-chef de 1re classe :		
après 15 ans de services	12.587 23	adjudant-chef après 25 ans
avant 15 ans de services	11.782 99	adjudant-chef après 15 ans
Surveillant-chef de 2e classe :		
après 25 ans de services	11.974 48	adjudant après 25 ans
après 20 ans de services	11.591 49	adjudant après 20 ans
après 15 ans de services	11.170 21	adjudant après 15 ans
avant 15 ans de services	10.787 23	adjudant après 10 ans.
Surveillant de 1re classe :		
après 25 ans de services	10.902 13	sergent-chef après 25 ans
après 20 ans de services	10.519 14	sergent-chef après 20 ans
après 15 ans de services	10.136 17	sergent-chef après 15 ans
avant 15 ans de services	9.714 89	sergent-chef après 10 ans.
Surveillant de 2e classe :		
après 25 ans de services	10.404 25	sergent après 25 ans
après 20 ans de services	10.021 28	sergent après 20 ans
après 15 ans de services	9.638 29	sergent après 15 ans
avant 15 ans de services	9.217 02	sergent après 10 ans
Surveillant de 3e classe	8.642 55	sergent après 8 ans

PERSONNEL DE L'ADMINISTRATION PÉNITENTIAIRE

Indemnités pour charges militaires

DÉSIGNATION DES CLASSES	AUX COLONIES Indemnité journalière		EN FRANCE Indemnité journalière		OBSERVATIONS
	chefs de famille	célibataires	chefs de famille	célibataires	
Surveillant principal.	12 »	7 50	8 50	3 50	Cette indemnité reste majorée de 12 % (Décret du 20 juin 1927).
Surveillant chef.....	7 »	3 50	6 25	2 75	
Surveillant.........	7 »	3 50	5 75	2 50	

Retenues en cas de logement et d'ameublement en nature aux colonies

DÉSIGNATION DES FONCTIONS	RETENUES JOURNALIÈRES pour logement et ameublement	RETENUES JOURNALIÈRES pour logement sans ameublement
	fr.	fr.
Sous-directeur, chef de bureau de 1re classe et assimilé	5 65	3 75
Chef de bureau des autres classes et assimilés	4 50	3 »
Sous-chef de bureau, commis principal-rédacteur de classe exceptionnelle et assimilés	3 15	1 10
Commis principal, rédacteur et ordinaires de 1re et 2e classe et assimilés	2 25	0 75
Commis et assimilés....................	1 90	0 60

Indemnité de séjour en France..................... 1.600 francs.

Agent en service en France, logé.................... 3.160 —

Agent dn service en France non logé.............. 3.600 —

SERVICE DU TRÉSOR

Trésorier général :

de l'Indochine	40.000 fr.
de l'Afrique Occ. Franç.	40.000

Trésorier payeur :

de la Cochinchine	38.000
du Sénégal, Mauritanie .	38.000
de Madagascar	38.000
de l'Afrique Equat. Fran.	38.000
du Cambodge	36.000
de l'Annam	36.000
de la Martinique	36.000
de la Guadeloupe	36.000
de la Réunion	36.000
du Laos	34.000
du Soudan	34.000
de la Côte d'Ivoire	34.000
du Dahomey	34.000

Trésorier payeur :

de la Guinée	34.000
du Cameroun	34.000
du Togo	34.000
de la Guyane	32.000
de l'Inde	32.000
de la Nouvelle-Calédonie.	32.000
de la Haute-Volta	30.000
du Niger	30.000
du Gabon	30.000
de l'Oubangui-Chari	30.000
du Tchad	30.000
de l'Océanie	30.000
de la Côte des Somalis..	28.000
de St-Pierre-et-Miquelon.	28.000

Trésorier particulier :

de St-Laurent-du-Maroni	24.000

Les Trésoreries coloniales sont réparties au point de vue des soldes en trois groupes distincts ainsi constitués :

1er GROUPE. — Colonies d'Afrique (Afrique Occidentale Française, Afrique Equatoriale Française, Cameroun, Togo, Madagascar, Côte Française des Somalis) ;

2e GROUPE. — Martinique, Guadeloupe, Réunion, Guyane, Océanie, Nouvelle-Calédonie ;

3e GROUPE. — Saint-Pierre et Miquelon.

Voir, page suivante, le tableau des groupes.

TABLEAU DES GROUPES

DÉSIGNATION DES EMPLOIS	INDOCHINE	1er GROUPE	2e GROUPE	3e GROUPE
	fr.	fr.	fr.	fr.
Payeurs : 1re classe	34.000 32.000	28.000	22.000	»
2e classe	27.000	24.000	20.000	13.000
3e classe	23.000	20.000	18.000	12.000
Commis principaux :				
hors classe	23.000 22.000	18.000	17.000	10.000
1re classe	20.000	17.000	16.000	9.500
2e classe	18.000	16.000	15.000	9.000
3e classe	16.000	15.000	14.000	8.500
4e classe	14.000	14.000	13.000	8.000
Commis : 1re classe	12.000	12.000	12.000	7.000
2e classe	11.000	11.000	11.000	6.500
3e classe	10.000	10.000	10.000	6.000
4e classe	9.000	9.000	9.000	5.500

PERSONNEL DES TRAVAUX PUBLICS

DES COLONIES AUTRES QUE L'INDOCHINE, LA MARTINIQUE, LA GUADELOUPE ET LA RÉUNION

GRADES	SOLDE	MAXIMUM des compléments de solde
	fr.	fr.
Ingénieur en chef : hors classe	51.000	20.000
1re classe	45.000	—
2e classe	40.000	—
Ingénieur principal : 1re classe	36.000	15.000
2e classe	32.000	—
3e classe	28.000	—
4e classe, 2e échelon	26.000	—
4e classe, 1er échelon	24.000	—
Ingénieur : 1re classe	26.000	10.000
2e classe	24.000	—
3e classe	22.000	—
4e classe	20.000	—
Ingénieur-adjoint : 1re classe	18.500	—
2e classe	17.000	—
3e classe	15.500	—
4e classe	14.000	—
stagiaires	12.000	—
Adjoint technique principal hors classe :		
2e échelon	17.000	5.000
1er échelon	15.800	—
Adjoint technique principal : 2e échelon	14.600	—
1er échelon	13.400	—
Adjoint technique : 1re classe	12.300	—
2e classe	11.200	—
3e classe	10.100	—
4e classe	9.000	—

PERSONNEL DE L'INSPECTION GÉNÉRALE DES TRAVAUX PUBLICS DES COLONIES

DÉSIGNATION DES EMPLOIS	TRAITEMENT	OBSERVATIONS
	fr.	
Inspecteur général : 1re classe	60.000 54.000	par avancement à l'intervalle de deux
2e classe	48.000	années au minimum.
	40.000	id.
Ingénieur en chef adjoint	37.000	
	34.500	
Ingénieur ou ingénieur inspecteur principal	30.000	
Ingénieur ou ingénieur inspecteur :		
1re classe	24.000	
2e classe	21.000	
3e classe	18.000	
Sous-ingénieur principal : 1re classe	24.000	
2e classe	22.300	
Sous-ingénieur : 1re classe	20.600	
2e classe	18.900	
Conducteur : 1re classe	17.100	
2e classe	15.400	
3e classe	13.700	
4e classe	12.000	
Agent technique principal : 1re classe	17.000	
2e classe	15.800	
3e classe	14.600	
4e classe	13.400	
Agent technique : 1re classe	12.300	
2e classe	11.200	
3e classe	10.100	
4e classe	9.000	

Indemnités de fonctions allouées aux fonctionnaires de l'Inspection générale des Travaux publics

Adjoint technique ou commis	3.000 francs.
Ingénieur adjoint ou conducteur	5.000 francs.
Ingénieur, ingénieur en chef adjoint à l'inspection générale	10.000 francs.
Inspecteur général chef du service	10.000 francs.

PERSONNEL PERMANENT DU CONTROLE DU CHEMIN DE FER FRANCO-ÉTHIOPIEN

GRADES	SOLDE	OBSERVATIONS
	fr.	Indemnité de service
Ingénieur en chef : 1re classe	40.000	10.000 fr.
2e classe	37.000	—
3e classe	34.500	—
Contrôleur technique adjoint :		
hors classe	24.000	3.000 fr.
1re classe	22.300	—
2e classe	20.600	—
3e classe	18.900	—
4e classe	17.100	—
5e classe	15.400	—
6e classe	13.700	—
7e classe	12.000	—

PERSONNEL DES TRAVAUX PUBLICS DE L'INDOCHINE

GRADES	SOLDE	INDEMNITÉ de fonctions
	fr.	piastres
Inspecteur général : après 6 ans	75.000	6.000
après 3 ans	65.000	—
avant 3 ans	55.000	—
Ingénieurs principaux : de 1re classe, après 6 ans	42.000	
de 1re classe, après 3 ans	40.000	
de 1re classe, avant 3 ans	38.000	
de 2e classe	32.000	
de 3e classe	26.000	
de 4e classe	24.000	
Architecte principal : de 1re classe, après 3 ans	34.000	
de 1re classe avant 3 ans	32.000	
de 2e classe	26.000	
de 3e classe	24.000	
Ingénieur, architecte et inspecteur des chemins de fer : hors classe, après 6 ans	30.000	
hors classe, après 3 ans	28.000	
hors classe, avant 3 ans	26.000	
1re classe	23.000	
2e classe	20.000	
3e classe	18.000	
Ingénieurs adjoint, architecte adjoint, inspecteur adjoint du chemin de fer : 1re classe	16.000	
2e classe	15.000	
3e classe	14.000	
stagiaire	13.000	
Adjoint technique principal et contrôleur principal des chemins de fer : hors classe après 6 ans	24.000	
hors classe après 3 ans	22.000	
hors classe avant 3 ans	20.000	
classe exceptionnelle	17.000	
1re classe	15.500	
2e classe	14.500	
3e classe	13.500	
Adjoint technique et contrôleur des chemins de fer : 1re classe	12.500	
2e classe	11.000	
3e classe	9.000	
stagiaire	8.000	

PERSONNEL DES PORTS ET RADES DES COLONIES AUTRES QUE L'INDOCHINE

DÉSIGNATION DES EMPLOIS	TRAITEMENT	OBSERVATIONS
	fr.	
Capitaine de port : 1re classe	22.000	
2e classe	20.000	
3e classe	18.000	
Lieutenant de port : 1re classe	16.000	
2e classe	14.000	
3e classe	12.000	
Sous-lieutenant de port : 1re classe	12.500	
2e classe	11.000	
3e classe	9.500	
4e classe	8.000	

PERSONNEL DES PHARES ET SIFFLETS DE BRUME
SAINT-PIERRE ET MIQUELON

GRADES	TRAITEMENT	OBSERVATIONS
I. *Phares*		
Gardien chef	9.500	
Gardien de 1re classe	8.500	
Gardien de 2e classe	8.000	
Gardien de 3e classe	7.500	
Gardien de 4e classe	7.000	
II. *Sifflets de brume*		
Maître de 1re classe	9.500	
Maître de 2e classe	9.000	
Aide-maître de 1re classe	8.000	
Aide-maître de 2e classe	7.500	
Aide-maître de 3e classe	7.000	

PERSONNEL DE L'INSTRUCTION PUBLIQUE

ENSEIGNEMENT SECONDAIRE A LA MARTINIQUE A LA GUADELOUPE ET A LA RÉUNION

Tableau *A*

Lycées de la Martinique, de la Guadeloupe et de la Réunion
(Enseignement secondaire des garçons)

CATÉGORIES	SOLDE	OBSERVATIONS
	fr.	
Professeur agrégé du cadre de Paris nommé proviseur : hors classe	40.000	
1re classe	38.000	
2e classe	35.600	
3e classe	33.200	
4e classe	30.800	
5e classe	28.400	
6e classe	26.000	
Proviseur censeur, professeurs agrégés :		
1re classe	32.000	
2e classe	29.600	
3e classe	27.200	
4e classe	24.800	
5e classe	22.400	
6e classe	20.000	
Proviseur censeur, délégué censeur, professeur titulaire ou chargé de cours, économes, licenciés ou certifiés : 1re classe	27.000	
2e classe	23.600	
3e classe	21.200	
4e classe	18.800	
5e classe	16.400	
6e classe	14.000	
Surveillant général licencié, professeur de dessin degré supérieur : 1re classe	24.000	
2e classe	22.000	
3e classe	20.000	
4e classe	18.000	
5e classe	16.000	
6e classe	14.000	

CATÉGORIES	SOLDE	OBSERVATIONS
	fr.	
Surveillant général bachelier, répétiteur licencié d'enseignement ou certifié : 1re classe	20.000	
2e classe	18.000	
3e classe	16.000	
4e classe	14.000	
5e classe	12.000	
6e classe	10.000	
Professeur chargé de cours, bachelier, maître élémentaire, répétiteur bachelier en exercice au 31 décembre 1905 : 1re classe	18.000	
2e classe	16.400	
3e classe	14.800	
4e classe	13.200	
5e classe	11.600	
6e classe	10.000	
Répétiteur bachelier, commis d'économat, professeurs chargés de cours de dessin (1er degré), professeur de gymnastique (degré supérieur) :		
1re classe	17.000	
2e classe	15.400	
3e classe	13.800	
4e classe	12.800	
5e classe	10.600	
6e classe	9.000	

Tableau *B*

Pensionnat colonial de Fort de France (Martinique)

CATÉGORIES	SOLDE	OBSERVATIONS
	fr.	
Directrice-professeur principal ou professeur d'anglais, professeurs de dessin (degré supérieur) :		
1re classe	24.000	
2e classe	22.000	
3e classe	20.000	
4e classe	18.000	
5e classe	16.000	
6e classe	14.000	

CATÉGORIES	SOLDE	OBSERVATIONS
	fr.	
Maîtresse de travaux manuels, professeur chargé de cours de dessin (degré élémentaire)		
1re classe	17.000	
2e classe	15.400	
3e classe	13.800	
4e classe	12.200	
5e classe	10.600	
6e classe	9.000	
Econome : 1re classe	22.000	
2e classe	20.000	
3e classe	18.000	
4e classe	16.000	
5e classe	14.000	
6e classe	12.000	

Tableau *C*

Enseignement primaire supérieur et Enseignement technique

CATÉGORIES	SOLDE	OBSERVATIONS
Professeur pourvu du certificat d'aptitude au professorat dans les Ecoles Normales et les Ecoles primaires supérieures : 1re classe	26.000	
2e classe	23.600	
3e classe	20.000	
4e classe	18.800	
5e classe	16.400	
6e classe	14.000	
Professeur pourvu du certificat d'aptitude au professorat dans les Ecoles pratiques de commerce et d'industrie : 1re classe	24.000	
2e classe	22.000	
3e classe	20.000	
4e classe	18.000	
5e classe	16.000	
6e classe	14.000	
Maître adjoint au cours normal	22.000	

Tableau D

Enseignement primaire

(Inspecteurs primaires, instituteurs et institutrices)

CATÉGORIES	SOLDE	OBSERVATIONS
	fr.	
Inspecteur primaire :		(1) Les instituteurs et institutrices titulaires chargés de la direction d'une école reçoivent un supplément de 400 francs si l'école comprend 2 classes, 800 francs si l'école comprend 3 à 4 classes, 1.400 francs si l'école comprend 5 à 9 classes, 2.000 francs si l'école comprend au moins 10 classes. Dans les écoles comprenant un cours complementaire, les maîtres chargés de ce cours, ainsi que les directeurs et directrices, reçoivent un supplément de 800 francs. Ce supplément est porté à 1.100 francs après 3 ans, 1.400 francs après 6 ans, 1.700 francs après 10 ans, 2.000 francs après 15 ans d'exercice. (2) Les fonctionnaires de l'enseignement primaire pourvus de l'agrégation reçoivent une indemnité personnelle de 6.000 francs soumise à retenue.
1re classe	30.000	
2e classe	27.600	
3e classe	25.200	
4e classe	22.800	
5e classe	20.400	
6e classe	18.000	
Instituteur ou institutrice :		
1re classe	16.000	
2e classe	14.800	
3e classe	13.600	
4e classe	12.400	
5e classe	11.200	
6e classe	10.000	
stagiaire	9.000	

PERSONNEL DE L'ENSEIGNEMENT A LA GUYANE

Tableau A

Enseignement secondaire

Directeurs licenciés, professeurs licenciés, professeurs de dessin (degré supérieur), traitement de la section normale.

CATÉGORIES	SECTION SUPÉRIEURE	SECTION NORMALE	OBSERVATIONS
	fr.	fr.	
1re classe	26.000	24.000	
2e classe	23.600	22.000	
3e classe	21.200	20.000	
4e classe	18.800	18.000	
5e classe	16.400	16.000	
6e classe	14.000	14.000	

CATÉGORIES	TRAITEMENT	OBSERVATIONS
	fr.	
Professeurs bacheliers : 1re classe	18.000	
2e classe	16.400	
3e classe	14.800	
4e classe	13.200	
5e classe	11.600	
6e classe	10.000	
Répétiteurs bacheliers et professeurs de dessin (degré élémentaire) :		
1re classe	17.000	
2e classe	15.400	
3e classe	13.800	
4e classe	12.200	
5e classe	10.600	
6e classe	9.000	

Tableau *B*

Enseignement primaire supérieur et Enseignement technique

CATÉGORIES	TRAITEMENTS		OBSERVATIONS
	fr.		
Professeurs d'écoles normale : 1re classe	26.000		
2e classe	23.600		
3e classe	21.200		
4e classe	18.800		
5e classe	16.400		
6e classe	14.400		
	SECTION SUPÉRIEURE	SECTION NORMALE	
Professeurs d'écoles primaires supérieures :	—	—	
1re classe	26.000	24.000	
2e classe	23.600	22.000	
3e classe	21.200	20.000	
4e classe	18.800	18.000	
5e classe	16.400	16.000	
6e classe	14.000	14.000	

CATÉGORIES	TRAITEMENTS	OBSERVATIONS
	fr.	
Professeurs pourvus du certificat d'aptitude au professorat dans les écoles pratiques du commerce et d'industrie :		
1re classe........................	24.000	
2e classe	22.000	
3e classe	20.000	
4e classe	18.000	
5e classe	16.000	
6e classe	14.000	

Tableau *C*

Enseignement primaire élémentaire

CATÉGORIES	TRAITEMENTS	OBSERVATIONS
Instituteurs et institutrices :		
1re classe	15.000	
2e classe	13.800	
3e classe	12.600	
4e classe	11.400	
5e classe	10.200	
6e classe	9.000	
stagiaires	8.500	

PERSONNEL DE L'IMPRIMERIE OFFICIELLE DE MADAGASCAR

DÉSIGNATION DES EMPLOIS	SOLDE	OBSERVATIONS
	fr.	
Chef d'imprimerie de 1re classe	15.700	
Chef d'imprimerie de 2e classe	14.000	
Sous-chef d'imprimerie de 1re classe	12.900	
Sous-chef d'imprimerie de 2e classe	11.800	
Agent principal	10.500	
Agent : 1re classe	9.900	
2e classe	9.400	
3e classe	8.800	
4e classe	8.300	
5e classe	7.700	
6e classe	7.200	

PERSONNEL DES IMPRIMERIES DU GOUVERNEMENT

Colonies autres que Madagascar,
l'Afrique Occidentale française et l'Afrique Equatoriale française

DÉSIGNATION DES EMPLOIS	SOLDE	OBSERVATIONS
	fr.	
Chef d'imprimerie de 1re classe :		
après 3 ans d'ancienneté dans la classe ...	15.700	
avant 3 ans d'ancienneté dans la classe ...	13.500	
Chef d'imprimerie de 2e classe :		
après 3 ans d'ancienneté dans la classe ...	11.800	
avant 3 ans d'ancienneté dans la classe ...	10.500	
Ouvrier : hors classe	9.400	
1re classe	8.300	
2e classe	7.450	
3e classe	6.400	
4e classe	5.800	
5e classe	5.100	
6e classe	4.500	
7e classe	3.900	

PERSONNEL DES SERVICES CIVILS DE L'INDOCHINE

DÉSIGNATION	SOLDE
	fr.
Administrateur de 1re classe : après 8 ans	52.000
après 6 ans	50.000
après 3 ans	45.000
avant 3 ans	41.000
Administrateur de 2e classe : après 6 ans	38.000
après 3 ans	35.000
avant 3 ans	32.000
Administrateur de 3e classe : après 3 ans	29.000
avant 3 ans	26.000
Administrateur adjoint hors classe	25.000
Administrateur adjoint de 1re classe : après 3 ans	23.000
avant 3 ans	21.000
Administrateur adjoint de 2e classe	18.000
Administrateur adjoint de 3e classe	16.000
Elève administrateur	13.000

PERSONNEL DES DIRECTEURS DES SERVICES EN INDOCHINE

DÉSIGNATION	1er échelon avant 3 ans	2e échelon après 3 ans	3e échelon après 6 ans	CLASSEMENT
	fr.	fr.	fr.	
Directeur des Finances, Directeur des Douanes, Directeur de l'Instruction publique, Directeur des Postes et Télégraphes	55.000	60.000	65.000	1re catég. A

PERSONNEL DES BUREAUX DES SERVICES CIVILS

DÉSIGNATION	SOLDE	OBSERVATIONS
	fr.	
Chef de bureau hors classe : après 8 ans	34.000	
après 6 ans	32.000	
après 3 ans	30.000	
avant 3 ans	28.000	
Chef de bureau de 1re classe : après 3 ans	26.000	
avant 3 ans	24.000	
Chef de bureau de 2e classe : après 3 ans	22.000	
avant 3 ans	20.000	
Sous-chef de bureau de 1re classe : après 3 ans ..	18.000	
avant 3 ans ..	16.000	
Sous-chef de bureau de 2e classe	15.000	
Rédacteur de 1re classe	14.000	
Rédacteur de 2e classe	12.000	

PERSONNEL DU CADRE GÉNÉRAL DES EAUX ET FORETS

DÉSIGNATION DES EMPLOIS	SOLDE de présence	CLASSEMENT au point de vue des déplacements
	fr.	
Inspecteur général de 1re classe	50.000	1re catégorie A
Inspecteur général de 2e classe	47.100	—
Inspecteur général de 3e classe	44.000	—
Inspecteur principal de 1re classe :		
après 6 ans	42.000	1re catégorie B
après 3 ans	40.000	—
avant 3 ans	38.000	—
Inspecteur principal de 2e classe	35.000	—
Inspecteur principal de 3e classe	32.000	—
Inspecteur de 1re classe	30.000	—
Inspecteur de 2e classe	27.000	—
Inspecteur de 3e classe	24.000	—
Inspecteur adjoint : 1re classe	20.000	2e catégorie
2e classe	17.000	—
3e classe	14.000	—
stagiaire	12.000	—

PERSONNEL DU SERVICE DE L'AGRICULTURE DANS LES COLONIES AUTRES QUE L'INDOCHINE

GRADE	TRAITEMENT
	fr.
Inspecteur général de 1re classe	46.000
Inspecteur général de 2e classe	43.000
Ingénieur en chef ou Directeur de laboratoire :	
1re classe après 6 ans	42.000
1re classe après 3 ans	40.000
1re classe avant 3 ans	38.000
2e classe	35.000
3e classe	32.000
Ingénieur ou chef de travaux pratiques : 1re classe	30.000
2e classe	27.000
3e classe	24.000
Ingénieur adjoint ou assistant : 1re classe	20.000
2e classe	17.000
3e classe	14.000
stagiaire	12.000
Ancienne formation	
Directeur d'agriculture : 1re classe	28.000
2e classe	26.000
3e classe	24.000
Inspecteur d'agriculture : 1re classe	22.000
2e classe	20.000
3e classe	18.000
Sous-inspecteur d'agriculture ou Directeur de jardin d'essai et de stations agronomiques : 1re classe	16.000
2e classe	14.000
3e classe	12.000

PERSONNEL DES SERVICES VÉTÉRINAIRES DANS LES COLONIES AUTRES QUE L'INDOCHINE

GRADES	TRAITEMENT
	fr.
Inspecteur général de 1re classe	46.000
Inspecteur général de 2e classe	43.000
Vétérinaire en chef : 1re classe après 6 ans	42.000
1re classe après 3 ans	40.000
1re classe avant 3 ans	38.000
2e classe	35.000
3e classe	32.000
Vétérinaire : 1re classe	30.000
2e classe	27.000
3e classe	24.000
Vétérinaire-adjoint : 1re classe	20.000
2e classe	17.000
3e classe	14.000
stagiaire	12,000

PERSONNEL EUROPÉEN DE LA GARDE INDIGÈNE DE MADAGASCAR

GRADES	SOLDE	PREMIÈRE mise d'équipement
	fr.	fr.
Inspecteur principal : après 6 ans de grade	20.000	»
après 4 ans de grade	19.000	»
avant 4 ans de grade ...	18.000	»
Inspecteur de 1re classe : après 6 ans de grade.	17.000	»
après 4 ans de grade .	16.000	»
avant 4 ans de grade .	15.500	»
Inspecteur de 2e classe : après 4 ans de grade .	15.000	»
avant 4 ans de grade ..	14.000	»
Garde principal hors classe : après 6 ans de grade.	13.000	»
après 4 ans de grade.	12.500	»
avant 4 ans de grade.	12.000	»
Garde principal de 1re classe	11.600	»
Garde principal de 2e classe	11.000	»
Garde principal de 3e classe	10.000	»
Garde principal de 4e classe	9.000	»

TABLE ANALYTIQUE DES MATIÈRES
DU DÉCRET PORTANT RÈGLEMENT SUR LA SOLDE ET LES ALLOCATIONS ACCESSOIRES DU PERSONNEL COLONIAL

CHAPITRE III

SOLDE DE DISPONIBILITÉ

TITRE II

ALLOCATIONS ACCESSOIRES

CHAPITRE IV

SUPPLÉMENTS ET INDEMNITÉS

ROCHEFORT-SUR-MER. — IMPRIMERIE A. THOYON-THÈZE. — 1929.